决策智能

链接数据、行为和结果的新智能

LINK: HOW DECISION INTELLIGENCE CONNECTS DATA, ACTIONS, AND OUTCOMES FOR A BETTER WORLD

[美]罗莉安·普拉特 —— 著
(Lorien Pratt)

禾 摇 —— 译

电子工业出版社
Publishing House of Electronics Industry
北京·BEIJING

This translation of *Link* by Lorien Pratt is published under licence from Emerald Publishing Limited of Howard House, Wagon Lane, Bingley, West Yorkshire, BD16 1WA, United Kingdom

Copyright © 2019 Emerald Publishing Limited

本书中文简体字版授予电子工业出版社有限公司独家出版发行。未经书面许可，不得以任何方式抄袭、复制或节录本书中的任何内容。

版权贸易合同登记号　图字：01-2020-3523

图书在版编目（CIP）数据

决策智能：链接数据、行为和结果的新智能 /（美）罗莉安·普拉特 (Lorien Pratt) 著；禾摇译 . -- 北京：电子工业出版社，2021.3
书名原文：Link: How Decision Intelligence Connects Data, Actions, and Outcomes for a Better World
ISBN 978-7-121-40410-8

Ⅰ.①决… Ⅱ.①罗… ②禾… Ⅲ.①智能决策 Ⅳ.① C934

中国版本图书馆 CIP 数据核字（2021）第 024506 号

责任编辑：张振宇
印　　刷：北京盛通印刷股份有限公司
装　　订：北京盛通印刷股份有限公司
出版发行：电子工业出版社
　　　　　北京市海淀区万寿路 173 信箱　　邮编：100036
开　　本：880×1230　1/32　印张：8.125　字数：210 千字
版　　次：2021 年 3 月第 1 版
印　　次：2021 年 3 月第 1 次印刷
定　　价：68.00 元

凡所购买电子工业出版社图书有缺损问题，请向购买书店调换。若书店售缺，请与本社发行部联系，联系及邮购电话：(010) 88254888，88258888。
质量投诉请发邮件至 zlts@phei.com.cn，盗版侵权举报请发邮件至 dbqq@phei.com.cn。
本书咨询联系方式：(010) 88254210，influence@phei.com.cn，微信号：yingxianglibook。

推荐序

看到普拉特的新书的名字,《决策智能:链接数据、行为和结果的新智能》,我想到的是决策智能可以看作人工智能中感知智能和认知智能之后的第三个阶段,即在复杂问题下,如何提升人和机器的信任度,增强人类与机器智能系统的交互和协作。

大学里的决策科学课程,一般属于运筹学和管理科学等领域,如斯坦福大学管理科学与工程系教授 Ronald Howard 开辟的决策分析学科。业界的决策智能也得到了广泛的研究和应用,其中包括主要提供咨询服务的公司,如麦肯锡,也包括提供产品和解决方案的企业,如亚马逊、微软和阿里巴巴。

我参与的阿里巴巴的现代决策智能,通过推动从人工智能算法(Algorithm)、大数据(Big Data)、高性能计算(Computing)、丰富场景(Domain),到完整生态(Ecosystem)的发展,结合现代数据驱动的运筹优化、机器学习,以及数据科学等领域的技术和人才,来解决复杂的决策问题。正如普拉特的书里提到的,决策智能为运筹学和机器学习(包括深度学习)及数据科学等技术之间架起了一座桥梁。我们从传统的基于从数据到预测再到决策,即描述性分析(Descriptive Analytics)和预测性分析(Predictive

Analytics）的方法，探索了基于从数据直接到决策，即规范性分析（Prescriptive Analytics）的新的方法论，并在实际应用里落地。这些新的研究和实践，可以说是对普拉特这本书很好的验证和补充。

普拉特的书讨论了决策智能的核心问题：如果今天，我们在特定情况下做出了某个决策，采取了某种行动，明天会出现什么结果？这类决策问题对于个人、团队、企业和社会都是个难题。普拉特从学术界的教授到工业界，既有学术研究的经验，又有丰富的实践经验。这本书提供了简洁、清晰的决策学方法论，为理解和学习决策智能提供了快捷、方便的路径。

姚韬

（阿里巴巴达摩院机器智能技术实验室研究员，

斯坦福大学管理科学与工程博士，

美国宾州州立大学工业工程系终身教授）

序言

想象一百年后的未来,人类继续成长。到那时,各个国家和企业做出的重大战略决策几乎总是有效的,因为人们已经对决策运作的原理了然于心,系统性思维变得无处不在。

在未来世界里,许多我们如今正在面对的环境问题得以解决,因为人类知道,破坏环境的代价远远超过任何因此获得的短期利益。企业的运作更加合乎道德,因为从长远来看,不这么做就会降低员工的生产力,进而减少利润。全球贫富差距将会大大降低,因为世界各地的领导人已经认识到将财富重新交回公众手中的好处,他们手握更多的知识和工具,可以通过授权和激励的方式,让劳动力释放出更多能量,以更好地实现各种社会目标。那时,人类将生活在一个更稳定、更公平、更幸福的星球。

你正在读的这本书就像是一份来自未来的礼物。罗莉安在这里完成了一个不小的壮举,她综合了当下最敏锐的思想和技术,包括决策智能、人工智能、因果分析、行为经济学等,形成一种任何人都能拿来为己所用的决策方法。最终形成的系统看似简单,却能帮助团队获得有效、可靠且诚实的结果。在本书中提及的诸多研究仍在科学前沿寻找出路时,罗莉安已经做到了这一点。

我之所以如此确信，是因为我也曾在该领域亲自探索过。在我的职业生涯中，我先后在8个不同的科学领域工作，曾同时担任过软件顾问、创业者和作家。我写过几部科幻小说，这算是我最为人所知的成就。在机器学习、进化生物学和行为心理学等领域，我清楚地知道哪些是已存在的成果，哪些尚有缺陷。从这个角度来说，罗莉安的作品让我既感到振奋又印象深刻。事实上，我读这本书冒出的第一个想法是，"该死的，我怎么就没有想到这么做呢"，而她的天才即在于此。

当罗莉安邀请我为她作序时，我感到非常荣幸。我相信，为本书写作序言的人应该是一个能看到罗莉安通过本书所取得的成就之人。当你有了一个想法并立即付诸行动将它实现后，有些人就会以为一切不过是顺其自然，以至于忽略为了实现它你所做的艰苦工作。然而，我了解罗莉安为写作《决策智能》阅读了大量书籍和研究论文，也很容易想象，为了不断改进书中介绍的方法，她一定投入了大量时间处理无数实际问题。为此，不管什么时候，我都乐意向她脱帽致敬。

罗莉安让战略决策看起来似乎很容易，但你千万不要被其表面欺骗。事实不是这样的（除非你手上有一本《决策智能》），否则，我们早就已经生活在前面我所畅想的未来黄金世界里了。相反，做出好的集体决策正变得越来越难。随着世界变化的速度日益加快，社会变量倍增，做出正确的决策比以往任何时候都更加困难。根据我的观察和研究，预计这一趋势在得到改善之前还将进一步恶化。

原因之一是，世界内部的相互依存关系日益增加，不同种族、行业、环境之间反馈效应的数量呈现非线性增长的趋势。这意味着每一次留给我们预测事件发生的时间正在迅速缩短。全世界近76亿人每天都在做着1万个相互关联却并不协调的选择，全球不稳定性正在急剧上升。

另一方面，我们借以在这个复杂的现代世界进行导航的技术也已经捉襟见肘。数据科学和人工智能只能在数据存在规则模式的前提下工作，当出现一个快速演化的混沌系统的输出时，它们的效率就会大打折扣。要管理一个如此复杂的世界，既要利用好数据工具，还要将控制权交给我们所知的能够处理复杂化、多层次激励的最佳学习系统——人类团队。它们将成为最得力的工具，告诉我们每个人、每一天如何做出更好的选择，让未来的弧线向富有希望的方向弯曲。

如今，为解决全球性问题寻找恰当的方法，从而取得充满理性与合作精神的结果，比人类历史上任何时候都更为重要。事实上，我们到达那个未来黄金世界的唯一道路就是拿起罗莉安摆在我们面前的工具，并尽可能积极有力地使用它们。我衷心希望这本书中介绍的方法能被广泛采用，并让我们坚定地走上一条通向令我们所有人引以为傲的现实的道路。

亚历克斯·兰姆

（"机器人三部曲"系列图书作者，复杂系统理论家，软件工程师）

自序

我们思考未来的方式将直接影响当下采取的行动。然而，作为工业时代的遗产，长久以来，我们的企业、政府和社会形成了一种只顾眼前的思维模式，只会以增量、孤立、线性的方式思考问题，采取行动。这本质上是一种受限和过时的方法，绝无可能把我们引向理想中的未来。

——弗兰克·斯宾塞和伊维特·蒙特罗·萨尔瓦蒂科
（Kedge/未来学校）

人类最强大的新兴技术为何没被用来解决诸如饥饿、贫困、不平等、冲突、失业、疾病等最重要、最恶劣的问题？究竟是哪个环节出了纰漏？

解决上述问题需要全新的思维方式和合作模式，需要运用新的技术和举措。对于未来，我们不仅要做到有所预测，更要了解该如何改变它。

试想一下，几乎所有的人类日常行为都会直接导致未来某个结果的发生,但我们对此的思维方式习惯却充满局限性。考虑人类寿命有限、沟通不便、获取信息难等与生俱来的缺陷,上述局限性的存在不足为奇。回到人类灵长类祖先的时代,提前谋划原本也不是特别紧要的事情。所谓未来,在那个时代就是努力活下去,其他都不重要。

文明的进步带来了书面记录和信息传播的日益加速,人类开始通过预测未来而占据竞争优势。提前了解时机,预测冲突的发生,弄清某个组织内部错综复杂的关系,成为所有人的共识。但是,人类认知能力和数据有效性仍然是受限的,随着社会的发展,这一限制更是被推向了极致。

今天,我们处在一个崭新的时代,用来帮助我们了解未来的信息和分析工具几乎是"无边界的"。海量数据包围着我们,等待我们去理解。人工智能与经济学、统计学等许多传统学科相结合,共同致力于解释纷繁复杂的问题。与此同时,我们利用现代技术进行交流与合作的能力也是无限的。那么,在这个没有边界的新世界里,人类与未来的关系又会是怎样的呢?

在我看来,人类现在要做的是负责任地创造我们的未来。人类从来都有能力改变未来,但现在要做的却大不相同。这里所说的"改变"是需要精心谋划致力于普惠全球的,并要将重点放在长远影响上面,而这些影响在过去可能是难以理解的。如果不承担起这一责任,意想不到的后果将会不可避免地成倍增加。

为了扮演好我们的新角色,改变思维方式就显得至关重要。正如你将在本书中读到的,与许多预言相反,我认为人类不会成为大数据和通用人工智能(机器人)的奴隶。"今天的未来"将比

自 序

以往任何时候都更加依赖人类的观察力和想象力。我们的思想正变得更具目的性和多样性,这必将影响未来的许多代人。因果之间的距离日益拉近,甚至缩小到微不足道的程度。我们必须拥抱复杂性,而我们对未来所持的态度比以往任何时候都更重要。

然而,思维方式的转变是极其缓慢的。迄今为止,我们还未能很好地适应人类历史上的第三个时代,很多人深感自己被淹没在信息的海洋中无法动弹。大多数人仍在想尽办法了解自己的行为究竟能对更广层面的世界产生哪些影响。比如这样的心理普遍存在:叙利亚一名儿童身处险境,可我什么都做不了;极地冰川正在融化,我只能感到无能为力。这是因为如果你对自己采取的行动在一定时期内产生何种后果缺乏清晰的认知图景,那就很难走出正确的一步。

这本书所讲的是一场被世界上许多企业和成千上万的人所热切期待的新兴运动。它将现在我们采取的行动和一个更美好的未来愿景链接起来。各种不同的思路纷纷涌现,并在今天开始交织在一起,而我们前进的道路将从这里浮现。学科间的界限逐渐消失,技术、数学、历史、哲学、社会科学、神学、地理生物科学、政府以及地球本身等各个领域正日趋融合。

这场运动也被注入了某些价值观,"民主化"就是其中一个核心原则。它的目的是让每个人都能更便捷地使用工具,同时保证人们的权利不会被剥夺。可以预见,未来社会更复杂的汽车开起来会更简单,同理,虽然经济学、人工智能和机器学习等领域听起来让人心生畏惧,但我们完全可以制造出一个普通人也能操作的"驾驶控制台"。几十年前,计算机对人们来说还仿佛天外来物,而如今它们几乎无处不在，今天的许多技术也将发生同样的变化。

本书的另一核心主题是回到"人机共融"。好莱坞电影以及有些思想领袖（但大多数人工智能专家不在其中）通常给人们这样一种印象——通用人工智能将要接管人类，它们中间不乏可怕的机器人。这些故事分散了我们对真相的注意力，而人工智能下一步的发展就是要让人类重回视野当中。个中原因正如我在书中所说的，只有人类才能理解这个世界的因果结构，理解系统如何运作的原理，这是计算机目前以及未来很长一段时间内无法企及的能力。

在这本书里，我们将认真探讨我们所建立的系统究竟要达到何种目的，共同努力去理解如何做出决定，从而采取行动，最后得到结果。它所期待的是仰望星空与脚踏实地的结合。不论多么复杂的计算机程序，都需要具备一个目的和一套价值体系，换言之，机器需要人性的观照。

人类已经进化到无边界的第三个时代，我们可以用前所未有的方式塑造未来。深入这个世界当中，你会了解许多新奇而强大的技术突破，比如深度学习、多维思考、热数据、增强智能、迁移学习，以及控制论的重新出现。你会了解怎样利用"已知的已知"，去探索"已知的未知"和"未知的未知"，从而形成一种新型思维模式。

通过本书，你将了解人类面对复杂问题时，如何从对声音、文本的分析转向对视觉、空间、动力的分析。同时，你也将了解如何将自身关于梦想和行为的创造性思维与明天可以采取的具体步骤相统一。你将了解世界各地的组织如何使用这些技术解决历史上不可能解决的问题，以及你该如何向他们学习，更清晰地规划自己的每日生活。

通过本书，你将明白上面所讲的各种新概念为何以及怎样聚集在一起，最终导向决策的产生。这是人类和计算机通力合作，将行动和结果连接起来所产生的效应。你也将明白为什么这场运动被称为"决策智能"，它已经广泛应用于残疾人就业、政府预算、客户服务、企业风险管理、资本规划等多个领域。

许多公司的名字里就包含"决策智能"的字眼，包括Gongos、Busigence、eHealthAnalytics、Satavia、Powernoodle、TransVoyant、TransparentChoice、Puretech、Element Data、Gilling.com、Mastercard's DI initiative和Quantellia等。有些公司将决策智能（或被叫作"决策工程"）视为自己的核心竞争力，包括Google、infoHarvest、Lumina Decision Systems、Prowler、van Gelder and Monk和Absolutdata等。还有些公司宣称或据传内部设有决策智能团队，包括Groupon、Urbint、Grubhub、Microsoft、AIG、DNV GL、Fair Isaac和Uber等。全球最大的零售商阿里巴巴也拥有决策智能研究室。通过阅读本书，你会从这场运动的领导者身上学到如何在生活和工作中做出更好的决定。无论你是一名退休人员、政治家、《财富》100强企业的高管、高中生还是学术研究人员，你都会受益匪浅。如果你是一名对人工智能和大数据感兴趣的技术人员，你会了解自己最适合决策智能生态系统的哪个位置，以及从哪个层面将决策智能作为人工智能进化的下一阶段。

我们所面临的无边界未来既令人着迷，又妙趣横生。现在，抓紧你的帽子，让我们开始精彩的旅程吧！

决策智能：链接数据、行为和结果的新智能

目录
CONTENTS

1   关于本书

5   第一章   认真对待决策

8   转变观念

9   解决方案复兴

13   技术炒作的怪圈

14   什么是核心问题

17   决策智能：聚焦复杂性

21   理解因果链接

26   基于证据的决策：崩坏的是什么

28   谁在使用决策智能？

29   实操中的决策智能：一个关于技术转换的案例

32   让无形变有形

35   关于决策智能的共识

37   为什么叫"决策智能"

38   本书概览

41	第二章　打破复杂性的天花板
51	CDD 的起源
53	CDD 是怎样发明的
55	CDD 范例
57	CDD：集合其他技术的框架
61	CDD 的"啊哈"时刻
62	电信公司呼叫中心的案例
64	决策先于数据
65	复杂性的天花板
71	应对复杂性的解决方案
75	搭建技术与实践之间的桥梁
78	变化环境中的正确决策

81	第三章　解决方案复兴的拼图
83	"邪恶问题"之网
85	大数据
89	热数据
91	人工智能和机器学习
101	因果推理
103	控制论
105	复杂系统/复杂性理论/复杂性科学
106	模拟、优化、远见和运筹学
111	相互依赖和"打地鼠"游戏

114	系统动力学、系统分析和系统思维
123	迁移学习
124	增强智能
127	决策分析
128	层次分析法和示意图
130	设计和设计思维
131	博弈论
132	知识管理
134	统计学
136	小结
137	**第四章　如何建立决策模型**
139	决策智能的九个层面
141	决策模型的受益者是谁
143	决策建模的益处
144	决策建模的案例
145	决策智能与数据
147	发散思维与聚合思维
148	决策建模的步骤
171	小结
172	决策智能使用案例
184	常见失误与最佳经验

195	**第五章　决策模型的力量**
198	决策智能作为人机协作和增强智能的机制
198	决策智能用于教育
199	决策智能作为支持组织/企业/政府决策和影响力的工具
200	决策智能作为"技术堆栈"和"人类堆栈"的粘合剂
201	决策智能作为模拟世界软件的核心
201	决策智能作为一门领导和管理学科
202	决策智能作为风险管理的框架
203	决策智能作为人工智能伦理和责任的分析框架
204	决策智能作为人工智能的软件工程学科
204	决策智能是将人工智能拓展到其他应用领域的过渡层
205	决策智能作为解决"邪恶问题"的突破性技术
205	决策智能作为更好理解个人决策的一种方式
205	决策智能作为会议准则
206	决策智能作为聊天机器人支持决策的生成模型
206	决策智能作为动态"维基百科"的基础
206	决策智能作为复杂时代新闻业的根基
208	决策智能作为一种业务追踪方法
208	决策智能用于政府规划
209	决策智能用于情报分析

213	**第六章 展望未来**	
216	新思想，新的布道者	
217	颠覆性的逆风	
219	决策智能生态系统的今天和明天	
222	数据科学家：新兴的专业角色	
225	决策智能与新神话	
227	人类扮演的角色	
228	人工智能、决策智能与法律	
229	知识花园	
230	通过决策智能对抗财富不平等	

233　**结语**

235　**后记**

关于本书

你为什么要看新闻？为什么要上学？为什么要和同事聊天？通常情况下，你是为了获取关于事实、推荐或因果联系的信息，比如"约翰尼在上私立学校的那段时间里很痛苦"，或者"每次我在印度推出一个新产品，都会很成功"。你为什么想要这些信息？答案是为了做决定！然而，对于复杂的决定，你的行为会在一定空间或时间内产生影响，事物会失去原本的平衡。我们都认为自己能记住足够多的事实，我们的大脑善于收集各种信息，在不同的情况下总能做出正确的决定。遗憾的是，事实并非如此。但我这样说，并不代表你不能做到。这本书就告诉你该如何去做。

《决策智能》一书主要是为以下四类人写的：

有远见的思考者。如果你对未来感兴趣，关心如何将想法转化为行动，可以跳过第四章，因为你可能会发现它过于详细。

领导者。你相信可以做出更好的决策，并认为数据、人工智能、经济学、复杂系统、热数据等多种技术的组合能够给你提供帮助。本书将把这些技术、学科与利润、公共利益、人类发展目标等实际价值联系起来。

人工智能专家。人工智能无处不在，本书为其未来发展提供一个新视角。你或许会格外喜欢第六章，它讲述了一些正在形成的子学科，这些学科将承担把数据和算法与实操价值相连接的使命。

教育者。本书可以帮助你理解人工智能如何适应现代组织，以及如何从具体用例嫁接到各类技术和人类专业特长上。本书也是政治学、经济学和哲学的重要参考。如果你计划开设一门长期的课程，第四章对你最有价值。本章讲述的方法论可以奠定这门课程的基础，并提供丰富的教课指南，你可以针对各种决策案例进行分析讲解。

或许，你已经是"部落的一员"了。迄今为止，我已经在这个领域九年了。在这段时间里，我遇到了各种各样的人，尽管我们是陌生人，却不约而同地发现了彼此相似的潜在解决方案。这让我想起盲人摸象的寓言——第一个人摸着大象的鼻子说"好大的一条蛇"；第二个人摸着大象的腿说"好结实的一棵树"；第三个人摸着大象的尾巴说"这条绳子不错"；第四个人摸着大象的耳朵说"这个是做斗篷的好材料"。总有一天，他们会意识到大象不是一个个彼此独立的部分，相反，它是一个完整的有机体，一个复杂的系统。见到同部落的成员是件令人兴奋的事情，也许你已经是我们中的一员，或者通过阅读本书，你可以加入我们。

写作《决策智能》一书有以下四个主要目标：

帮助你学会使用决策智能，无论你从事什么工作。如何将盘桓在你脑中"无形的想法"用图表形式呈现，这样你就能与他人分享，校正你对事实的理解，并加以持续改进。

帮助你掌握因果决策图（CDD）这一框架，将来自他人的专业知识与"如果这样，那么那样"的因果链接起来，而后者将利用统计学、人工智能、机器学习、复杂系统和其他许多领域的技术。

寻找决策智能生态系统的突破口和寻找更多共识，在一个日益复杂的世界中，为实现解决方案复兴"移动指针"，明确并统一我们的步伐是必需的。

催化并推动问题解决，如上文所说。

决策智能：链接数据、行为和结果的新智能

第一章

认真对待决策

01

CHAPTER ONE

决策智能: 链接数据、行为和结果的新智能

第一章 认真对待决策

在这个新世界里,将技术、数据与人类链接起来的最佳方式是什么?这听上去是个极难回答的问题,甚至不知该从哪里开始回答。不过,全世界正在形成这样一种共识:

观点1:决策可以引发行动,继而导向结果的思维过程,可用来解决世界上最复杂的问题,也是将人类与技术整合在一起的特定"基石"。

为什么这么说?实际上,你所做的每件事都会发生两次:第一次是在你想象它的时候,第二次是在你把它变成现实的时候。当我们想象我们的行为如何导致未来的结果时,决策就会产生。

本书所讲的是如何以一种新的方式思考决策。它既与过去的思维模式相联系,又有层出不穷的新信息、新技术助力,这个领域被称为"决策智能"。

后面我会更详细地介绍,NASA(美国国家航空航天局)怎样利用决策智能偏转来袭的小行星;谷歌的首席决策科学家凯西·柯兹科夫如何培养了数千名决策智能工程师;决策智能如何拓展人工智能在法律行业的应用;以及当今决策智能生态系统中的成员,既包括科技巨头企业如SAP(思爱普),也有一些小型公司如Element Data 和 Prowler 等。

# 转变观念

要做到这一点,首先需转变观念,要认识到技术只能解决一小部分问题。要攻克世界上的复杂难题,技术必须与人类携起手来,并由人类主导,构建一种新型合作模式,用技术将特定学科和像你一样的非专业人士(我们得承认,任何一个人在多数领域都不是专家),以及你的朋友(不管是社交媒体还是实际生活中的朋友)联系起来。

与此同时,我们还应树立以问题为中心的导向。突飞猛进的技术或许激动人心,但必须身居次位,因为技术也可能带来巨大的干扰。比如,我们也许过于迷恋所谓的"智慧城市"和传感器技术,却忽略了一个简单的事实——只要人类加强协作,就能更好地解决我们面临的问题。从我们面临的问题和期待的结果出发,再回到行动本身,通过数据、人工智能、人类专业特长、复杂系统分析、经济理论等,我们的关注点将更为广泛,问题也可以用新的方式解决。

就像早期的望远镜颠覆了人类对天体的认知一样,如果我们放弃寻找某种一劳永逸的技术"银弹",选择从结果回溯行动,进而关注制定决策的思考过程,也将给世界带来巨大的变化。

思维的另一个转变是要从分析走向综合,从将问题分解为许多个小问题,转变为去理解不同的部分是如何协调运作的。情报专家乔希·克贝尔就是这一理念的先行人物,他把自己称为"情报合成员",而不是人们更熟悉的"情报分析员"。

除此之外，我们还需要超越基于语言和文本的思考路径，积极使用大脑的空间和动力系统，它们更加古老，很多时候也更加聪明。在此过程中，我们不仅让各种技术彼此联系，更能以一种强有力的方式将技术与管理学、社会科学等结合起来。

解决方案复兴

我们能够成功应对重大挑战的唯一途径就是合作。在今天这个指数级复杂的时代，一加一并不总是等于二。当我们将艺术和科学的各种元素结合起来，我们就会发现新的思路和解决方案。人类社会一些最严重的问题始终未得到解决甚至愈发恶化，就是因为学科的孤立化和研究方法的过于分散。你会发现，解决问题的最佳点始终位于中间——不同学科的交融之处。

——弗兰克·斯宾塞和伊维特·蒙特罗·萨尔瓦蒂科

（Kedge/未来学校）

决策智能的潜力再怎么强调都不过分。决策智能不会取代现有技术，而是将它们统一到同一框架中使其效果得以强化。同时，它也为非技术领域决策者架起一座桥梁，使技术以一种更为人所熟悉和易于理解的形式呈现。

如今，决策智能日益成为一种统一的框架，在此框架内，"解决方案复兴"成为可能，有望解决我们面临的一些最为重大的问题，如贫困、气候变化、国际冲突等，如图1所示。

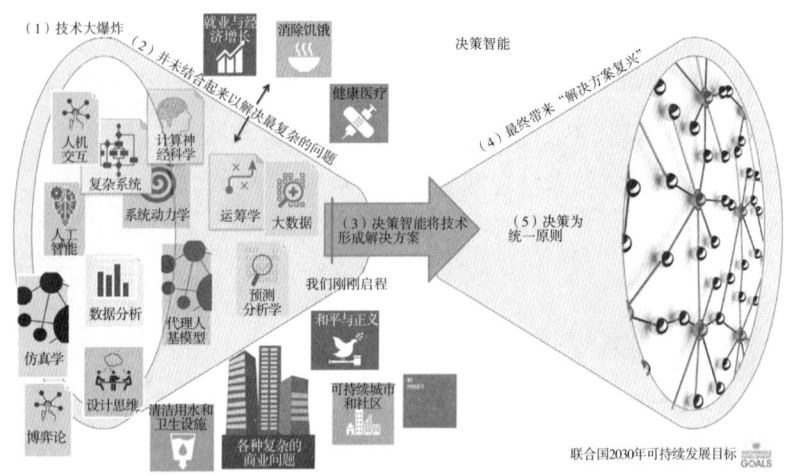

图 1：决策智能驱动下的解决方案复兴

图 1 的左侧列举了数门历史上被分别研究过的学科：一位博弈论学者或许对人工智能有所理解，但不能有效地使用它；一位大数据专家可能从未听说过运筹学。图中箭头指出了我们今天所面临的挑战——必须开发出某种框架或黏合性技术，能够使这些学科同时发挥作用，以找到解决问题的钥匙。无数证据表明，决策将成为关键。

如果我的论证还不够有说服力，诸位可以再参考图 2。这是 WorldSummit 团队制作的图表，与我做的图表相当类似。两张图表共同表明，学科融合逐渐成为一种共识，它将为解决世界难题打造一个新平台。

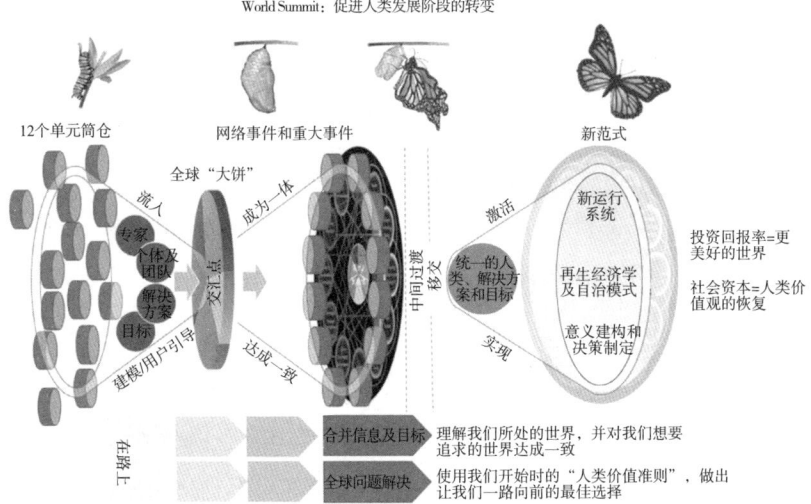

图 2：WorldSummit 关于即将发生的人类发展阶段转变的观点

用"驾驶座"代替"引擎盖"

专业学科的一大特点，即随着时间的累积形成了一系列专业术语，对于希望打破学科界限的"新型通才"来说，这无疑是一只拦路虎。尽管专业术语有利于专家之间的快速交流，却妨碍了当今最重要的任务，即整合各个学科来解决世界上最棘手的问题。考虑到一个人的一生不可能学会这么多领域的复杂语言，这个困境该如何突破？

好在工业领域为我们提供了一个可资借鉴的方案：关注"盒子外面"，而不是里面。正如谷歌云首席决策科学家（也是决策智能的倡导者之一）凯西·柯兹科夫指出的那样："要想做好一顿饭，我们不需要成为制冷专家或微波电子专家，只需要通过方便使用的接口连接上这些厨房电器就行。"要想享受在一家餐馆品尝美食的乐趣，我们也不需要了解厨师在后面的厨房里做了什么。这些复杂系统就像俄罗斯套娃一样逐层显现，不同层级之间的连接就被称作接口，其中最著名的例子就是软件的用户接口。正如你不需要了解 iPad 的操作系统，不需要会写代码，就能和朋友在网上聊天一样，要使用某个经济学或人工智能模型，你也不一定非得具备深厚的技术背景。

因此，不要让法拉利汽车的复杂构造阻止你去驾驶它，也不要被人工智能或复杂系统动力学中经常使用的术语吓到。本书第三章的意图就是为你搭建一座桥梁，帮助你更好地理解这些技术，进而为解决世界难题贡献一份力量，不管这是你的工作职责还是仅仅出于个人意愿。

要补充说明的一点是，作为一名计算机科学家和人工智能实践者，我对人工智能、机器学习、软件解决方案等比较熟悉。受限于我的专业知识和经验，我关注技术多于经济学等其他领域，但请不要误解前者就比后者重要，更不要认为软件就是整个人工智能领域内最重要的元素，它不是的。

在此背景下的解决方案复兴

哥白尼革命的基础就是用"日心说"取代了"地心说"，由此大大简化了天体运行的规律，也为几个世纪以来人类对宇宙理解的深化奠定了基础。就像库恩所说的那样，哥白尼革命代表了一种范式转变的模式——视角的变化会产生巨大的益处。转换到以决策为中心的视角,并通过决策融合多个研究领域,有可能产生与哥白尼一样伟大的影响。

任何一种复杂适应系统,无论是单细胞生物、细菌还是互联网,都进行着一种类似于"呼气—吸气"的交替过程。一段编程语言爆发之后,接下来就合并为一个或两个程序;一段人类探索欲和创造力爆发之后,紧随其后的就是整合成为几种类型的经济形式。复杂适应系统的这一特征可以追溯到数百万年前,哈罗德·布鲁姆称其为"多样性发散"与"一致性实施"。图1所示的决策智能复兴同样符合这一古老的模式,对于那些积极乐观、相信未来无限光明的人来说,这将是一段激动人心的旅程,它代表着人类潜能的又一次阶段性转变。

像历史上曾发生的其他范式转变一样,决策智能同样具有错综复杂的一面,会提供以前不可能出现的解决方案。我的决策智能理论的核心,是被我称之为"因果决策图(Causal Decision Diagram,下文简称CDD)"的图表。下面我会具体展开来讲,CDD仅仅由几个简单部分组成,但就像DNA一样,将不同部分组合起来,你就能发现理想的解决方案。

技术炒作的怪圈

要从当前的环境中跳脱出来,首先需要了解我们是如何走到今天这一步的,其中重要的一点就是技术炒作的怪圈:媒体钟爱博人眼球的故事,这就决定了那些提供技术解决方案的供应商比旁人更容易获得采访机会。这反过来又导致媒体关注的失衡——媒体报道博人眼球的技术，然后反馈给技术公司，技术公司利用媒体报道筹集资金并进行战略规划，又反过来为媒体报道提供更多的素材。

互联网扩大了这一怪圈。在大数据、人工智能、增强现实、自动驾驶等各个领域方兴未艾的今天，互联网带来了信息的民主化，但也带来了大量虚假消息。然而，正如谷歌首席决策科学家凯西·柯兹科夫所说，互联网同时也：

扩大了信息获取的途径，允许人们得以一瞥过去界限分明的学术领域，为决策智能蓬勃发展创造一个跨学科的环境。

什么是核心问题

面对任何一种复杂性问题，视觉原型可以从人类原始本能的层面上，帮助我们与地球上任何一个人进行沟通。

——艾琳·克莱格，Visual Insight（译者注：英国一家专注于图形设计的现代艺术工作室）创始人、《符号大师》作者

本书要讨论的核心问题，即从事决策智能的绝大多数组织和个人所面临的核心问题是：

如果今天，我在特定情况下做出了某个决策，采取了某种行动，明天会出现什么结果？

第一章 认真对待决策

我在图 3 中搭建了一个框架，可以帮助你更好地思考这个问题。当你思考某个决策时，想象你的行为将如何通过一系列因果事件导致最终结果（这一系列事件可能并不好理解）。在此思维过程的基础上，你在现实生活中采取一定的行动，通过实际因果链的发生获得最后的结果。你将决策与现实相匹配的能力越强，就越能在最后获得你预期的结果，同时避免非预期结果的发生。下面我还会讲到，如何随着外部环境的变化调整你的决策。

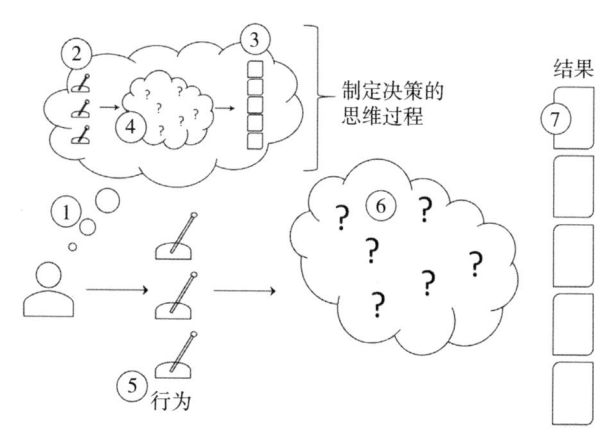

图 3：决策即思考行为如何导致结果的过程

图 3 中用问号标注的地方代表"决策的迷雾"，怎样驱除这些迷雾就是本书论述的中心。在图 4 中，我用 CDD 填充了问号的位置。

简单地说，CDD 就是让决策主体亲眼看到他们采取的行动通过一系列事件、分析及相互影响得到某种结果的过程。它的主要功能就是，把人们围绕某个决策的所思所想用可视化的图表展现出来，而无须用复杂的语言加以解释。

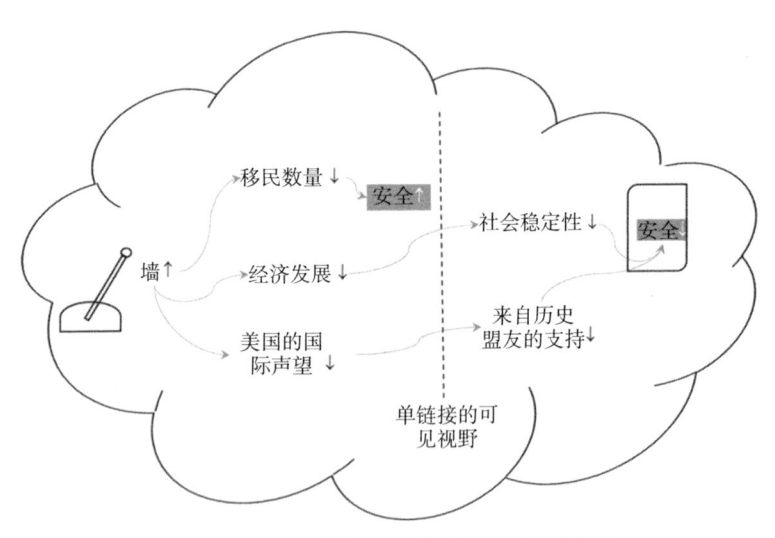

图中文字：
- 移民数量↓
- 安全
- 社会稳定性↓
- 安全
- 墙↑
- 经济发展↓
- 来自历史盟友的支持↓
- 美国的国际声望↓
- 单链接的可见视野

图 4：CDD 如何清扫从行动到结果路上的问号

之所以将 CDD 视为一大重要突破，首先不是因为它的原创性，实际上，这其中 90% 的工作借鉴前人的成果，其次也不在于它的完美无瑕，因为伴随着决策智能愈加成熟，CDD 的设计方法仍需要不断改进。真正让 CDD 如此重要的原因在于，一方面，它关注的核心是人类决策者，这意味着未来的任何设计都必须确保图中每个部分的简易性和可理解性；另一方面，它捕捉人类如何制定决策的普遍原型，并把最先进的技术加入自然的思维过程当中，共同为决策者所使用。

CDD 的价值也是本书的核心观点之一：

观点 2：CDD 为复杂环境中的决策行为提供了个人理解、团队共识和技术的切入点。

本书第二、四章将会更加具体地介绍 CDD 及其具体绘制方法。在我以及另外几家机构的研究视野下，CDD 之于决策智能至关重要。

补充说明一点，本书中"决策"一词不等同于一般的"确定"或"决定"，例如"确定地球是圆的"或者"你决定站在我前面"。本书所说的"决策"重点是围绕导致某种结果的行动的决定，因此它的意思是"采取某些行动的决定"，而非"得到某种结论的决定"。结论固然重要，但数个世纪以来结论已经被讨论得十足充分，而基于这些结论应该采取的行动才是我们今天应该关注的重点。

观点 3："确定某一事实是否为真"与"决定采取某些行动以达到某种结果"本质上是不同的，后者的基础是前者所说的事实，但远远不止这些事实。

决策智能：聚焦复杂性

在深入具体地探讨决策智能、CDD 及其整合的技术和学科之前，让我们先来回顾一下它们在人工智能和相关领域的历史中所处的位置。

早期的人工智能先驱们曾尝试过"大一统理论"。他们认为，人类思维的精华是逻辑推理，反映人类知识的关键就是事实以及呈现事实的方式，就像经典的"三段论"那样，"乔治是一头大象（事实），所有的大象都是灰色的（逻辑陈述），所以乔治是灰色的

（推理）"。

上述观点遗漏了非常重要的两点：一是人类的智商在"次符号领域"，例如在比语言或图像更为原始的层面上，表现得更为突出；二是做出能带来结果的决策比能得出结论或答案的事实更加重要，或至少同等重要。

1996年，我刚进入罗格斯大学读研究生时，当时我所在的计算机系里，专注于人工智能的人几乎全部信奉符号主义。我以一名"叛逆者"的姿态决定去学习神经网络，但庆幸的是，我也同样得到了支持和鼓励。现代人工智能，包括许多我的前同事们所从事的研究，99%是次符号意义上的，这意味着第一条限制已经被突破。

决策智能就是对第二条限制的突破：

> 观点4：决策智能将我们的焦点从关注"回答问题""提供解释""做出预测"的科学系统（包括人工智能在内）转移到指导我们行动从而导致结果的决策身上。要将行动和结果联系起来，对答案、解释和预测是必需的，但并不充分。

> 观点5：我们每天都要做成千上万个决定，而决策智能关注的是自然的人类，目标是实现更好的人机协作。

许多决定是基于习惯或利弊权衡做出的。最复杂的决定就是去想象我们的行为如何随着时间的推移、通过系列因果关系的演变导致某种结果。"连锁反应""副作用""事件链""恶性循环""良性循环"等，这些都是我们经常使用的短语，但迄今为止还没有一种足够严谨的方式可供我们讨论决策，更没有将它与数据、人工智能等技术联系起来。

解决复杂问题从决策说起，听上去有点过于简单。然而事实证明，以决策为出发点会带来巨大的飞跃。再回想一下图4（以及本书中许多类似的图表），构建一个CDD的过程，就是确定从行动到结果这一链条中各个因素的过程。

完成一张CDD所使用的技术、工具、方法和途径可以帮助我们看清眼前那条蜿蜒曲折的道路——我们所要采取的行动，既不能过于雄心勃勃，操作起来无比棘手，也不能过于简单，甚至离开了实验室就一无用处。要解决最重要的问题，决策就要像童话里的"金发姑娘"（译者注：金发姑娘是美国童话《金发姑娘和三只熊》中的经典角色，她喜欢不冷不热的粥、不软不硬的椅子，总之是"刚刚好"的东西，后来美国人常用金发姑娘来形容"刚刚好"）那样，既不太大，也不太小，而是"刚刚好"。

这一点意义重大。它意味着我们不需要模仿任何人类固有的思维方式，或是一味遵循什么情况下该做什么事的原有教条。相反，我们需要实事求是：鉴于我此刻所面临的实际情况，怎样才能更好地规划从行动到结果的路径呢？客观起见，同样需要指出的是，我们现在还不需要做到尽善尽美，只要比以前做得更好即可。过去十年，我对数百名决策者进行了采访，我发现对于决策确实还存在很大的改进空间。有些决策科学家们存在一个错误的印象，以为一个决策的影响越大，为做出这个决策付出的努力就越多。稍后我会更详细地阐释，事实往往并非如此。本书第五章将讲述这一新观点所带来的无限可能性。

第三章讲述的是，决策智能将人类决策者与最强大的技术，以及将无形决策化为有形的社会管理科学结合起来。同样，这一理论也是站在巨人的肩膀上的，它汲取了巴克敏斯特·富勒、道格拉斯·恩格尔巴特、诺伯特·维纳、丹尼尔·卡内曼、格雷戈里·贝特森、约翰·冯·诺伊曼和W.爱德华兹·戴明等许多著名思想家的智慧。决策智能的源头应追溯到圣雄甘地和亚当·斯密的学说，也应追溯到复杂系统学、行为经济学、认知科学、神经生物学、机器学习等众多技术与科学。这些原本分离散落的技术和学科，现在却被整合在了同一框架下。

"链接"为决策之关键

这些错综复杂的学科具有一个共同准则，那就是因果链接。你在本书中将看到许多基于因果链接轻松创建出来的决策图，然后使用技术和科学对其进行共享、改进和优化。

观点6：你也许觉得这只是一堆人坐在一起画一个图表而已，但是在某一特定情境下，由团队里每个人的认知所达成的共识具有非常重大的价值。

当今世界，技术的发展已经超出了我们的理解和掌控范围，人类如何在这个新世界中重获权力，本书提供了一条路线图。请注意，我们谈论的不是会自我复制的机器人所带来的末日图景，现实世界比它更难理解，也更加重要。我在这本书里所做的，就是将人们的注意力从关于人工智能的科幻世界末世论转移到真正重要的问题上来,将我们的优先级从下一个应用软件转移到下一顿饭当中,从"结束聊天"转移到"结束战争"①。

理解因果链接

当你收听晚间新闻的时候,你可能会听到播音员使用下面的因果关系式表达:"一名反对种族多样性的男子希望表达自己的观点,所以他与一位移民产生争论",或者"这位移民希望表明立场,因此他加入某抗议组织进行示威"。显然,这两个人的决定不仅产生了直接的单链接效应,在我将其记录下来时,也产生了一系列有意或是无意的多链接后果。对这两位先生来说,不管他们当时的交流产生了哪些直接价值,那些长远的结果才占据绝对位置,这一点我将在后面详细探讨。

附带说明,有些专家可能会注意到,CDD 中的许多链接从严格意义上讲并不是基于因果关系,有些只是基于简单的计算,比如净利润就是通过从收入中减去成本算出的。CDD 之所以这么做,是因为模型设计的初衷是尽可能还原描述人们所做决策的真实过程。而人们在做决策时,并不会区分哪些是计算得出的,哪些是分析原因得出的,所以一个足够简单的 CDD 也不会做此区分。随

---

① 科幻小说家们开始关注决策智能,而且出现了一系列与决策智能相关的原型,P. J. 曼尼将它们称为"新神话"。因此,好莱坞也出现了一些新的人工智能素材。关于这一点,第五章会给出更多介绍。

着你思考的深入和复杂，你将认识到因果链接的不同类型，不管是出于某种"真正的原因"，还是基于某个计算结果或相关性，将决定该链接在现实生活中是如何产生作用的。

从单链接思维到多链接思维

房价一直上涨，所以赶紧贷款买房吧；非法毒品泛滥，所以加大对吸毒者的惩罚力度吧；很多人生活拮据，所以对富人多征税，给穷人施与更多吧。

上面的每一种陈述都属于"单链接思维"，在美国认知语言学大师乔治·莱考夫看来，"多链接思维"得出的结论与"单链接思维"大不相同：

面对蜂拥而至的墨西哥移民，那就筑起一道墙来阻止他们；面对国内的非法移民，那就将他们驱逐出去……解决枪支暴力的办法就是拿把枪直接向射击者回击……此类措施在那些只看到直接因果关系的人那里可能行得通，但对另外那些了解系统性因果关系的复杂性，明白这种行为将面临何种巨大阻力和可怕后果的人来说，就站不住脚了。

——乔治·莱考夫[①]

或许有人会说，这种直接后果推理确实具有局限性，例如"建

---

① 乔治·莱考夫称之为"系统性因果关系"，我在这里叫作"多链接思维"。

一堵墙"的行为可能会造成诸多下游的后果，甚至完全与初衷背道相驰，但是这些后果无法被某个单独的环节捕捉。图 5 展示了单链接思维和多链接思维两者的区别。通过画一张这样的因果决策图，我们就能清晰地看到导出决策的两个理由之间的差别，有利于原本存在分歧的人们打开自己的想法，从而增加达成一致的可能性。

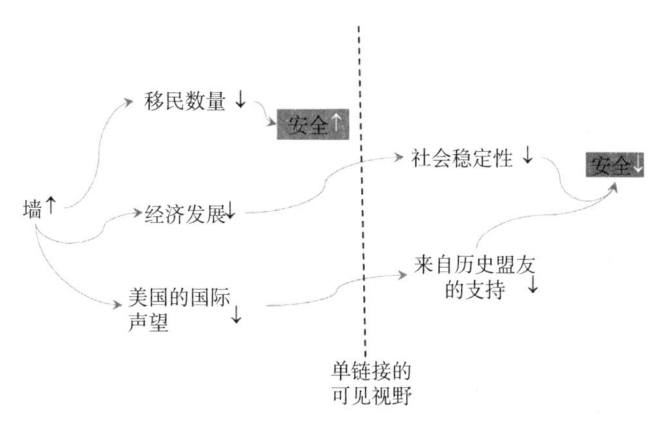

```
                移民数量↓    安全↑
                                       社会稳定性↓   安全↓
  墙↑          经济发展↓

                美国的国际
                声望↓                 来自历史盟友
                                       的支持↓
                              单链接的
                              可见视野
```

图 5：一张简单的因果决策图即可说明，多链接思维较单链接思维如何通过行动获得不同的预期结果

在一个复杂世界里，理解我们的行为如何有意或者无意地导致某些后果至关重要。可是在学术研究和工业领域之外，我们甚至找不到最基本的语言来谈论上图中展示的多重链接。

思维仅关注直接因果关系，是因为主体在做决策时只使用了语言和文本，而没有使用图片来展示因果链。语言和文本或许适合线性世界，但如果用于解释复杂系统，很快就会走进死胡同。它不可能时时刻刻关注图 5 中的每一个元素，当这些元素不在你的视野范围内，或者消失在线性的文本文档中时，你就失去了对该元素的追踪。事实上，许多常见的认知偏见和思维错误来源于此——本来在视觉上更容易理解的问题，我们却选择用语言来解决它们。

一家电信公司对员工说："今年我们的首要目标是改善客户体验，我们所做的每一件事都必须与此相关。"我说，如果这家公司真是这么想的，那直接给每位客户送一辆车好了。（当然，"送车"这种做法太夸张了，用在这里仅为说明我的观点。）

要权衡一个策略的积极和消极的影响，就必须进行更深入、多链接的分析。这个送车的例子就是我将讲到的第一个经典决策错误——"假性目标"。图6说明的就是这一模式：如果仅仅关注"客户满意度"这一个目标，给每人送一辆汽车就变成一个好主意了。这项决策没有将客户满意度和纯利润之间的关系考虑在内，如果考虑纯利润，花钱买车显然是个亏本的买卖。

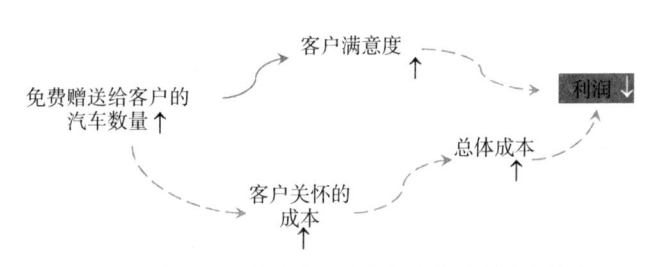

图6：假性目标：模型中的缺失部分导致错误的结论

另外一个是美国发放军人住房补贴的例子。美国军方将原来的统一人均补贴改为根据同住室友数量而定的补贴，他们认为，这样可以在不影响军人生活的前提下节省开支，但他们没有预见到的是，军人现在根本没有节约的动力。以前军人们拿着固定的补贴，住着廉价的房子，可以将中间的差价省下来据为己有，现在行不通后，节约的动力消失了。诸如此类"不用就没有"的决策模式比比皆是。

连续创业者吉姆·卡萨特曾说过下面的话：

我喜欢"决策智能"的点子。关于公司未来的战略考虑，它给了我一次虚拟试飞的机会。虚拟中的失败远没有真实的失败那么可怕，我想公司董事会的成员肯定尤其赞同。

还有一个我们都很熟悉的例子，将数百万美元的善款捐给某地区，常常在一段时间的快速扩散后就遭遇失败。因此，《新共和》杂志上一篇文章甚至发出这样的论调，"不要再试图拯救世界了"。这些例子都证明了更深入地理解系统相关性的重要价值。

避免"公地悲剧"

谈到多链接决策，最著名的负面案例之一就是"公地悲剧"，即未能看到某项决策对公共利益的贡献，从长远来看，这项决策不仅会给全社会带来好处，最终也会给个人带来好处。

举几个例子：提高最低工资，工人就会有更多的钱花，经济得以改善，社会变得更加富裕。或者制定一项减税政策，企业有更多的资金用于投资，工人有更多的收入可供支配，最终让整个社会受益。

比如，在一个饱受战争蹂躏的国家建立良好的法律体系，提高公民对法治的信任，减少暴力犯罪，稳定企业进而改善税收，再进一步为完善法律提供资金基础。

再如，减少企业的碳排放量，从而改善环境，稳定经济，为我们的子孙创造财富。或者制定一项政策减少对企业的管制，使它们能够降低成本，在市场竞争的压力下主动减少碳排放量。

上述例子有一个共同点，即短期内需付出较为高昂的代价，造成一定范围的不利影响，但长期来看能够创造更大的利益。悲剧在全世界不断发生，正是因为人类未能有效驾驭这些长期的因果链条。下文中我将介绍一些相对简单的技术，帮助我们做得更好，我们也必须做得更好。

基于证据的决策：崩坏的是什么

《哈佛商业评论》将现代社会中的组织机构称为"决策工厂"。然而，大多数组织并没有一套正式的、一以贯之的决策流程，甚至可以说，这些决策工厂是系统性崩坏的（见图7）。

观点7：如果你是一名数据科学家或类似职位的人员，与公司高管不同，你可能会这样认为：决策越是有影响（从对生命、金钱、工作、健康的角度衡量），做这个决策就要付出越多努力。实际上，基于本书所讨论的内容，大多数情况下，事实恰恰相反。

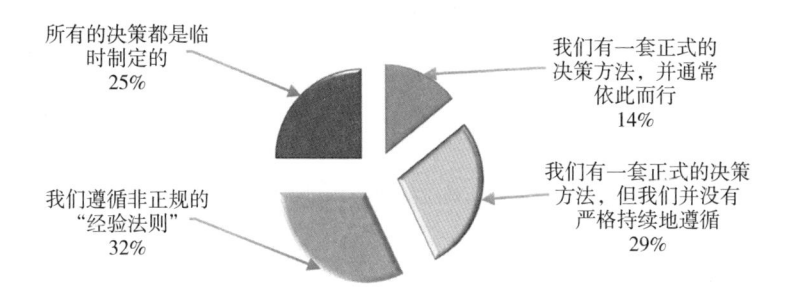

图7：只有14%的组织机构遵循正式的决策方法

饼图数据：
- 所有的决策都是临时制定的 25%
- 我们有一套正式的决策方法，并通常依此而行 14%
- 我们有一套正式的决策方法，但我们并没有严格持续地遵循 29%
- 我们遵循非正规的"经验法则" 32%

这一失败有着深刻的原因。如图3和图6所示，做出高明的决策就是要追踪从行动到结果的因果链。虽然因果关系在人类认知中处于核心地位，但在传统的心理学（在心理学中，关于因果关系的分析被称为"前瞻性研究"）、认知科学、人工智能和其他领域中，因果关系却一直被系统性地忽视。朱迪亚·珀尔在《为什么》一书中也讲到了这一现象，摘录部分如下：

> 我们生活在一个相信大数据可以解决所有问题的时代……但数据是盲目的。数据可以告诉你，吃药的人比不吃药的人恢复得更快，但它们不能告诉你为什么。也许那些吃药的人之所以吃药，只是因为他们负担得起，如果不吃药，他们也能恢复得一样快。不论在科学还是商业领域，我们不止一次地看到，仅仅有数据是不够的。
>
> ——朱迪亚·珀尔和达纳·麦肯齐

基于以上及其他更多的原因，目前还没有标准的方法来绘制和推广一套决策模型，并使用这一框架来对接其他人和各种技术。

而这正是决策智能的本质。这一空白极其关键,通过填补它即可获得无数的可能性,第五章将详述这一点。本书希望能点燃这场大爆炸的火花,世界各地数以千计的人们在寻找解决方案时也分享了诸多共识,而这一粒火花正是其中的精华。

谁在使用决策智能?

目前,有一些组织机构已经开始采用固定的决策框架,比如下面这些案例(其中一些在后面的章节中还会有更详细的介绍):

- 一家加拿大电信公司为了建设一个"与时俱进"的智能互联网,对其高达11位数的网络资产开支进行了大幅削减。
- 美国国家航空航天局的前沿发展实验室开发一种名叫"偏转选择器"的决策智能工具,通过模拟来权衡如何应对小行星撞击地球的危机。
- 一家澳大利亚银行为了在信贷方面做出更好的决策,需要了解其风险敞口与某一潜在事件的联系,从而在风险出现时大幅增加其敞口。
- 一座致力于可持续发展的城市管理者需要制定交通方面的政策,推动该市大幅降低碳排放量。
- 世界上最大的金融机构在一个涉及全球53个国家的项目中使用决策智能解决方案,每年节省了数百万美元。
- 利比里亚一家非政府组织试图寻找遏制战争恶性循环的解决之道。

第一章　认真对待决策

- 一个从硅谷走出来的开源团队使用决策智能，为每一位残疾人匹配属于他的"完美工作"。
- 一家移动电话公司正在斟酌，应该向它的应用商店开发团队投资多少钱。
- 美国一家医疗保健公司希望帮助它的客户减少在购买失败医疗设备方面的巨额开销。
- 一家科技公司希望利用决策智能，优化政治类志愿行动的效果，使这类行动能够增加人与人之间的信任，而不是沦为宣传工具进而导致恐惧和愤怒。

那么，这些组织或机构是如何将其决策过程正规化的呢？为了方便读者理解，下一节中，我将详细讲述我参与主导的第一个项目。

实操中的决策智能：一个关于技术转换的案例

我们坐着租来的汽车离开机场，经过我们客户的欧洲公司总部[①]时，看见一只热气球正缓缓落在公司大楼的屋顶上，按照计划明天我们将在那里举行会议。我们一行五人，从美国各地赶来，皆因为被告知，我们的这家客户遭到大规模的抗议，起因是环境污染问题。当我们入住酒店后，手机收到提醒短信："明天的会议转移到市中心，参会时请保持低调，从后门的货运通道进入。"这

---

① 出于保密性考虑，本书对所有客户信息都进行了改编处理。

听上去相当有趣。

我们的团队素来以攻克复杂问题而自豪。这次我们面对的挑战尤其棘手，因为这家公司对外部环境造成的影响已经反过来威胁到它的声誉，引发了今天的抗议活动。眼下，这个客户所面对的形势前所未有的复杂，而我们的任务是帮助它实施一个全球性的大型项目，在几十个国家部署新技术，处理它与供应链数百家公司之间的关系，同时在其繁杂的成本会计体系之上优化公司支出。在这个过程中，我们不需要扮演流程建模者、财务建模者、数据分析师或项目经理的角色，事实上，我们要做的是帮助他们建立一个复杂决策的模型。

我们的客户是一家大型跨国公司，仅仅管理一项业务，比如说处理技术需求，就需要数百人的团队，因此公司顺理成章地根据职责分解为多个部门。每个部门的规模都足够大到拥有各自的内部术语、数据来源、企业文化和管理流程。

不幸的是，部门分割遮蔽了这家公司所面临的现实困境。正如许多其他公司一样，不同团队之间接口不甚明确，但彼此又存在着复杂的相互依赖关系。财务不能充分理解技术，技术又不了解供应链对自己的影响，对财务和供应链决策之间的关系完全没有建模。有些时候，一切似乎都清晰可见，可一旦某些事情发生改变，复杂性的迷雾就会再次降临。

我们在这个项目中的任务是，帮助总公司厘清这些部门之间的相互依赖关系，从而让一个价值数十亿美元的转型项目发挥出最大效益。

应对这个问题，我们的钥匙是CDD。

会议如期举行，有来自该公司不同部门的十几个人参加，每个利益相关方都有代表出席。我带领与会人员首先梳理了 CDD 的关键组成要素：结果、目标、限制条件、决策杠杆（与行动相对应）、依赖关系、外部因素等。我请求他们暂时将目光聚焦在"先于数据的结构"之上，因为情况过于复杂，如果在这个阶段涉及数据，问题只会变得更难以理解。接下来的一周时间里，我们在白板上四次画满了模型图。

又过了几周，我们交出了第一份作业，一组显示不同部门的选择如何产生交互的 CDD。在这组模型图中，我们展示了这个项目的调度决策将如何影响各个部门，并最终影响整个公司。

我们的客户告诉我们，仅仅是启发和创建这个看似简单的模型图，对他们公司来说就价值数百万美元，因为它统一了几十个项目参与者的思维方式。因为这个模型图是保密的，所以我暂时还不能将其公开，但可以肯定的是，它不是你以前常见的数据库的过程图、实体关系图、流程图、对象模型图等普通图表。

观点 8：人们常常没能很好地理解一个复杂组织中各单元部门之间的相互依赖关系，因此用图表的形式将其呈现出来意义重大。

下一章我还会讲到这个项目。现在，我们先回头看看此类项目的重要性何在，出于哪些原因，我们认为它是新颖和有价值的东西。

让无形变有形

人类如此迅速但也如此片面地发展了思考的能力,甚至忘记了思想与事件、语言和实物之间的关系。主观性思考大踏步前进,并创造出自己的世界……我们已经忘记了,思想和语言只是某种约定俗成,当我们绝对依赖它们时,也是我们犯下致命错误的时候。

——艾伦·W.沃兹《不安的智慧》(译者注:艾伦·W.沃兹,美国神学博士,禅宗信徒,对印度与中国的哲学宗教有精深的了解。该书的大陆译本叫《心之道:致焦虑的年代》)

CDD是一幅决策"地图",显示出组织中行动和结果之间的重要关联。它与政策文档、分析报告或晚间新闻等基于文本或语言的决策工具形成了鲜明对比。CDD更加中立,它是一个协作的平台,而不是说服的平台。在处理得当的前提下,CDD甚至不应该包含指向所谓"正确"决策的偏见。因为CDD更具透明性,这一点很难做到但绝非没有可能。

下面要讲的是,为什么我们从无形走向有形如此重要。

视觉空间的智慧

如果我冷不丁地扔一个球给你,说不定你伸手就能接住它。想象一下,短短一瞬间你的大脑执行了一系列复杂的处理过程:

你计算了球的抛物线轨迹，以及你肩膀、肘部、手腕和手指的角度和速度。

现在，再假设你被蒙住了眼睛，我提前告知你要扔球了，可你很大概率接不住球。这就是许多决策者面临的情况——我们仅仅使用语言，反而限制了彼此的沟通能力。在人类很长的历史中，语言交流也许是足够的，但伴随着世界走向全球化和日益复杂化，情况逐渐发生了变化。

将以前无形的思维过程进行可视化有形模拟的尝试具有很深的渊源，包括爱德华兹·戴明（译者注：世界著名的质量管理专家）的流程图理论以及用于软件设计的统一建模语言。我将在以下几节中介绍这些决策模型的创建实践，并在第四章进行分步骤说明。决策智能通过将文本和语言转化为视觉和运动的空间，使我们的大脑更聪明、更成熟、更不易出错。

观点9：通过借助有形的图表，而不是无形的语言和文本，我们增强了思考复杂系统的能力。

但是，如果你仅仅将我们讨论的方法当作简单的可视地图，那就大错特错了。事实上，CDD远不止于此，它是支撑证据、预测、机器语言、数据、传感器、人类专业知识等的"框架"。

观点10：将各种技术进行集成的最佳方式，就是围绕决策模型，基于诸多证据制定决策，因为这是我们通过决策进行思考的最自然、最熟悉的场景。

🔹 找到合适的框架

想象一堆没有树可以挂的圣诞饰品、一架没有骨头的身体、一座没有房梁的屋子——当决策原型被忽略时，出现的就是这类情况，这也是在解决重要问题的决策实践中仅仅使用对话或文本沟通的弊端所在。

绝大多数媒体，无论是电视还是纸媒，都可以看成是一系列因果陈述，而它们都是决策原型为声音或文本的表现形式。同样，当我向你解释某种模型时，我使用的也是线性的叙述结构。这种结构与它所要描述的世界有着本质的不同，后者是非线性的，是诸多元素并行运作的，包括反馈循环和动态效果。叙述结构必然是线性的，在时间上表现为一个观点跟着另一个观点，包括本书在内。但真实的世界绝不是这样的，如图 8 所示，在这种呈现方式的转换过程中，其实存在着大量信息的丢失和失真。

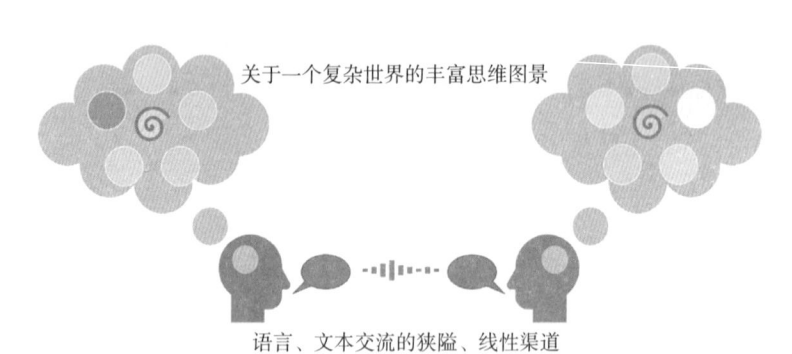

关于一个复杂世界的丰富思维图景

语言、文本交流的狭隘、线性渠道

图 8：复杂问题用线性媒介传达过程中的信息丢失

一幅画胜过千言万语，这个观点并不新鲜。新鲜的是认识到可视化语言的力量，它能让我们将原本只有自己内心清楚的想法，如各种因素及其错综复杂的关系、我们在此基础上做出某种决定的考虑等，明确地分享给他人。作为一个组织或政府，你在一个复杂世界里做出决策，仅仅通过文本来理解现实、开展交流，会造成大量信息的丢失，而这部分可以通过使用视觉意象来弥补。

关于决策智能的共识

这里需要重申一下本书的核心问题：

如果今天，我在特定情况下做出了某个决策，采取了某种行动，明天会出现什么结果？

围绕这个问题，有一些共识正在逐渐形成：
• 面对复杂形势，许多人干脆选择放弃，他们觉得自己没有能力影响未来。这种无力感的二阶效应可能是灾难性的，因为它增加了对当权者或其他声称能轻易解决问题的人的容忍度。广泛理解行动和结果之间的联系，有希望重新唤起人们的能动性和乐观精神，扭转普遍存在的悲观情绪。
• 为了让人们更加系统、规范应对这个问题而形成的学科，具有普遍价值。
• 这套系统不能仅限于少数训练有素的专家，它必须走向大众，遍布各地，邀请每一位公民参与其中并做出贡献。
• 如果没有这样一门学科，未来非预期结果出现的频率将难以控制。

- 我们在思考上述问题时有一种普遍的思维模型——我们会想象通往未来的因果路径,所谓的"心理模拟"。
- 如果我们能创建这些思维模型的可视化地图,就能更有效地交流合作。
- 使用视觉化的呈现方式,我们会变得更为明智,更善于合作,因为此时我们可以利用大脑的视觉和运动皮层。这也是造飞机必须有设计图或CAD(译者注:Computer Aided Design,即计算机辅助设计,指利用计算机及其图形设备帮助设计人员进行设计工作)的原因,也是为什么我们无休止地浏览数据表格常常一无所获,但只要看一眼模型图立马能抓住重点的原因。
- 若将这种地图想象为某种工业制品,我们可以从工业领域吸取一些经验,比如设计、质量保证、持续改进、严格审查和协作创建等。
- 当情况变得过于复杂,人类大脑无法独自工作时,计算机可以帮助我们进行模拟。飞机之所以能飞行而不会坠毁,阿波罗13号的宇航员能安全返航,这些都归功于模拟。
- 这套系统必须能容纳不同的观点。多样性对于难题的攻克至关重要,缺乏多样性也是我们至今未能解决许多问题的原因之一。
- 理解各个部门、各个学科、全球面临的各种挑战(如水资源匮乏、不平等、贫困等)之间的依赖关系,是另一个有待解决的问题。
- 通过这种方式帮助人类思考的计算机系统必须简单易用,并尽可能符合人类的思维模式。老奶奶和小孙子必须都能理解。

- 模拟的基础是复杂的系统动力学,通常包括反馈循环、吸引子、相移和瞬态效应。
- 人工智能和大数据可以揭示模型中的因果关系。今天最先进和最重要的技术应该用来解决人类面临的最严重的问题,否则就是一种误用。
- Facebook 等社交媒体鼓励对话,人们普遍渴望多一些这样使用简易的平台。它在传播想法和话语之外,还能组织起实际的行动,带来真实发生在世界各个角落的结果,而不仅仅只在你的苹果手机内。
- 创建此类地图是新闻业的下一个潮流,也是新时代讲述故事和神话的基础,尤其是科幻小说。
- 该方法的大部分内容并不新鲜,比如决策分析、控制论、复杂系统等都是很基础的,其中一些具有丰富悠久的历史。
- 它与数据可视化形成鲜明对比和有效互补。决策智能为我们提供的是"来自未来的数据"。

为什么叫"决策智能"

有些人叫我们"系统思考者",有些人叫我们"决策分析师",有一段时间我自己把它叫作"决策工程",但许多人都觉得这些名字太过局限。作为一名技术专家,我一直在说"决策智能",自从几年前我创造了这个术语以来(后来我了解到,还有其他不少人同时也这么叫),现在有更多人使用这个名称,包括咨询师、软件供应商、美国航空航天局的前沿发展实验室等，所以我坚信这一概念将会继续存在下去。

本书概览

接下来的第二章对本书涉及的诸多基本概念进行了解释。通过将决策视为能够设计并且加工的产品，可以启发处理更大更复杂的问题。

你可能会惊讶地发现，人工智能、机器学习、数据科学和其他许多当今最成功的技术都无法帮你选择正确的行动。相反，像机器学习技术只会回答"给你一组病人的数据，他们可能的病情是什么"，或者"这张照片中的脸在哪里"这样的机械问题。诚然，这些技术都很重要，但从行动到结果，仅靠技术自身远远不够。第三章将涵盖相关技术领域的内容，也是我在图1展示的整个决策智能图谱的一部分。

第四章针对复杂决策给出了一些实际建模步骤，也介绍了一些决策智能在实践中的成功案例及常见失误。

将视角转向以决策为中心会产生大量爆炸性影响。第五章是对这些潜在影响的快速梳理。

最后，第六章是对未来的展望，尤其是对决策智能生态系统和一些即将出现的重要变化的预测。

注：这本书不是在讲如何做出更好的决策，虽然我会涉及这方面的内容。本书主旨是将决策置于我们看待世界新的、更

中心的位置上，成为将许多学科融合解决方案复兴中的"胶水"。

所以，加入我们的部落（其实在读这本书时，你已经加入了），让我们即刻出发吧。请注意，每个章节都是独立编写的，你可以根据兴趣按顺序或跳着阅读。

决策智能：链接数据、行为和结果的新智能

第二章

打破复杂性的天花板

02

CHAPTER TWO

决策智能：链接数据、行为和结果的新智能

第二章 打破复杂性的天花板

在办公桌和会议室,在他们工作的每一天,脑力劳动者都在决策工厂里埋头苦干。他们的原材料是数据,这些数据要么来自他们自己的信息系统,要么来自外部供应商。他们起草了无数的备忘录和报告,里面充斥着各种分析和建议。他们的生产过程被称为会议,会议中以决策的形式将这些工作转化为最终产品。

——罗杰·马丁《对决策工厂的再思考》

第一章中讲过,CDD 扮演的角色就是将技术和人类链接起来的框架。

观点 11:决策智能每一个组成部分都不新鲜,新鲜的是将它们粘合起来的"胶水"。

图 1 展示了一些可以组合起来共同攻克难题的技术和学科,图中序号为 3 的箭头代表将它们集成到一个共同框架中的努力。

下面我将剖析一个案例,具体展示如何实现这种集成。这个例子是关于银行客户服务部门的,如果这不是你的业务领域,听起来可能有点乏味,但它说明了这类系统共有的一些经常被忽视却非常重要的基本特征,包括无形资产和反馈循环。对许多其他议题和领域,如气候变化、发电厂管理、建造太阳能电池板的选址等,同样适用。

几年前，我们公司想寻找一家新银行。我叔父告诉我，他对沃德银行①很满意，它也是我们公司一个投资者的首选银行，于是我将这家银行作为备选，并把公司的账户转到那里。对于我这个决定，我叔父和投资者的满意和推荐起到很大作用，他们为我节省了亲自去做调查的时间和精力，让我有效地"借用"了他们的经验。

同样的模式继续上演。后来，我又选择沃德银行作为我的个人银行，并推荐给我的侄女和合作伙伴。我们所有人在这家银行获得的积极体验引发了一系列事件，最终为它增加了三名个人客户和一名企业客户，如图9所示。

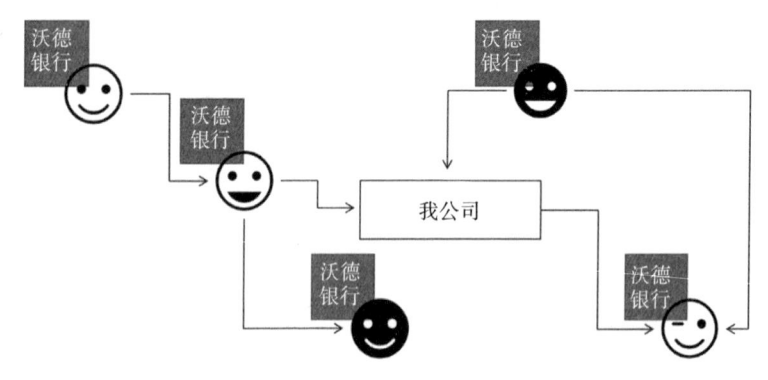

图9：我身边的推荐链为银行增加了新客户

可以想象，如果这种模式延续下去，不仅意味着银行的成功，也意味着许多企业的成功。让客户从满意到推荐（译者注：英文原文为L2R，即likelihood to recommend），对许多行业的成功至关重要。

---

① 该银行名称以及本案例中出现的其他名称均为杜撰。

那么，如果一个公司认真对待这个问题，希望改善自己的L2R，它应该如何开始呢？如今，面临一个数据十分丰富的世界，企业完全可以用数据来衡量和评估每一位客户的满意度，也就是它的 L2R 指数。

L2R 具有一种雪球效应。假设你有 10 位客户，其中五分之一的人每两个月为你介绍一位新客户，刚开始时你的客户数量增长缓慢，但后来的发展将极其迅猛。如图 10 所示，单靠 L2R 效应，到第七年底，你的客户就会从 10 人增加到 2 万多人。

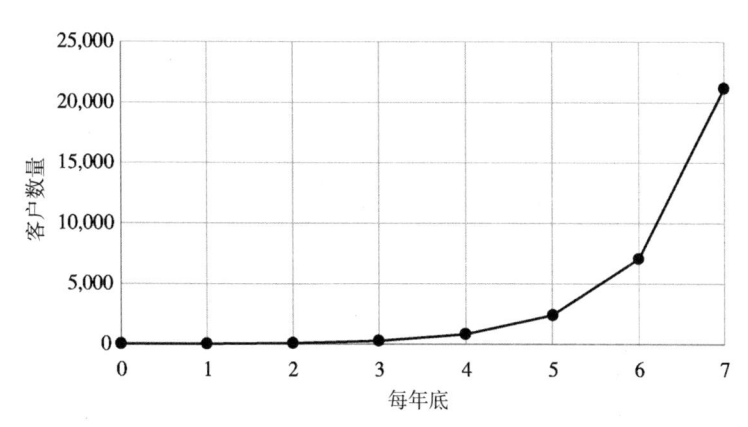

图 10：持续的客户推荐带来巨大增长

这种快速增长的模式可以用一个简单的 CDD 来解释，如图 11 所示。

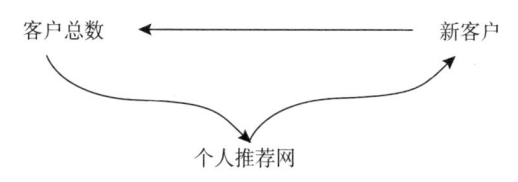

图 11：拥有的客户越多，每个人的推荐指数越高，公司增长就越快

客户数量的增加会带来更多的推荐,而推荐反过来又会吸引更多的客户。因此,L2R 指数越高,公司成长越快。图 12 显示 L2R 一个很小的变化,推荐客户的比例从之前的五分之一变成四分之一,结果导致巨大的额外增长。到第七年底,仅仅通过推荐,客户就增长到接近 12 万人。

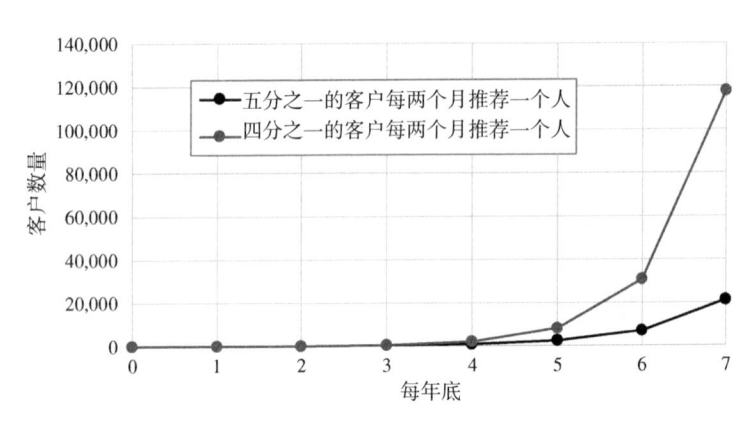

图 12:持续的客户推荐带来巨大增长

如果 L2R 的小幅增长就能产生如此显著的影响,那么如何才能让这个影响变得更大呢?以我自身为例,我在沃德银行的客户体验非常愉快——当我走进银行时会受到工作人员的迎接,没有等待时间,还有免费赠送的咖啡。图 13 显示了银行关于客户体验

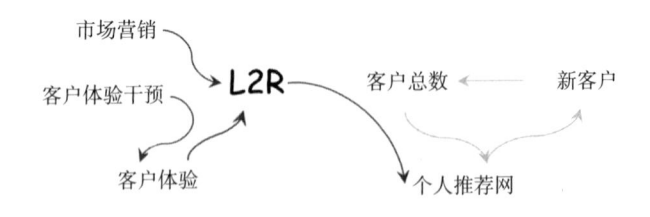

图 13:更好的市场营销和更多提升客户体验的活动能够影响客户的 L2R

的决策对我产生的影响，继而又影响了我的 L2R。

当我将一家银行推荐给朋友时，他们最终是否选择这家银行，归根结底还要看他们自己的体验，比如走进这家银行感觉如何、打电话咨询时对方服务态度怎样等。因此，企业在客户体验方面的投入具有双重效应，如图 14 所示。

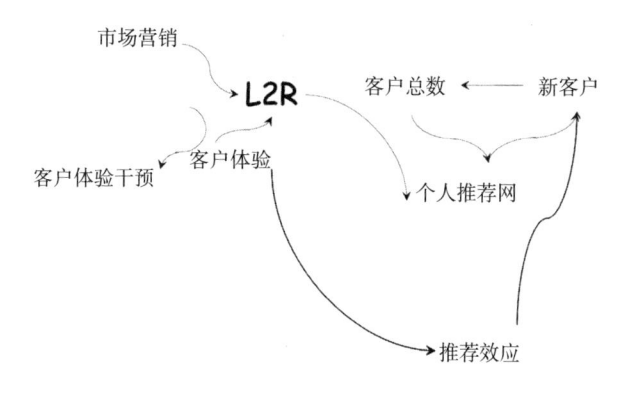

图 14：对客户体验增加投入，不仅能提升我的 L2R，也能提高我推荐给朋友时他们最终选择这家银行的概率

如果只看这张图里的内容，银行可能会受到启发：最大限度地利用客户的 L2R，为客户提供更好的体验，那么，送一台免费的咖啡机怎么样？或者客户每次开户都可以免费得到一辆车？显然这是不切实际的，我在图 6 中已经进行过解释。原因在于，这些干预是要付出成本的，如图 15 所示。

接下来的图 16 指出，应该从收益中减去成本，从而得出净收入或利润，当然收益取决于客户数量。

图 17 使用了三种不同颜色的标签。黑色方框代表用一点数学知识即可计算得出的关联，比如净收入只需用减法，总收入减去

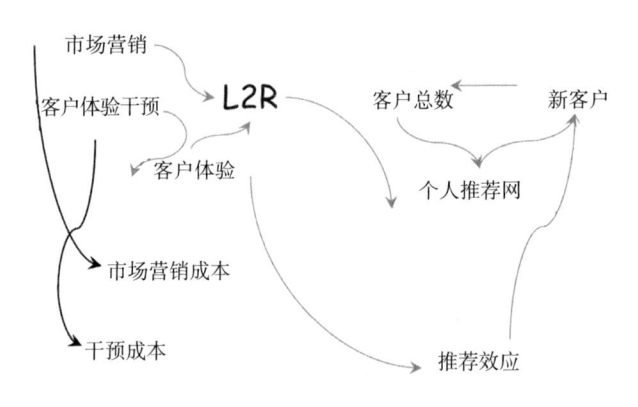

图 15：L2R 干预需要成本

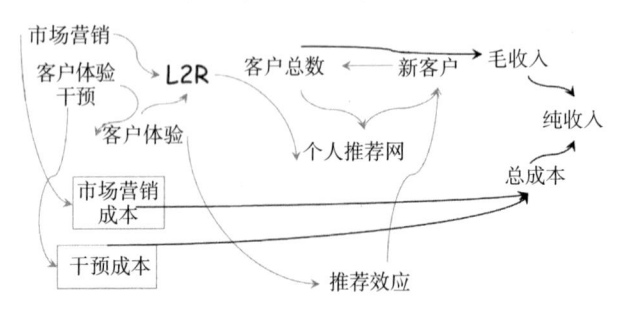

图 16：收益减去成本方能得出总的净收入（利润）

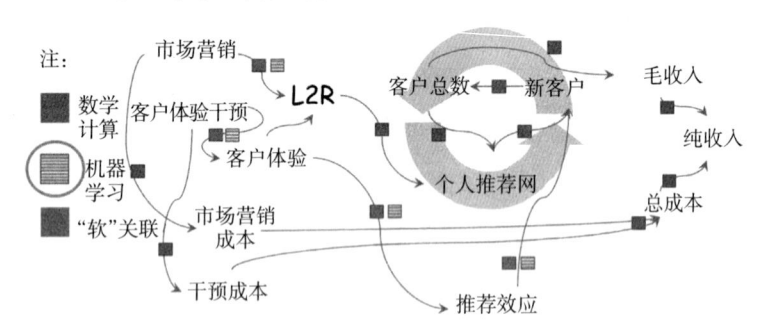

图 17：数字、机器学习和软因子是如何支撑银行 L2R 模型的

总成本即可。

深灰色方框代表可以用机器处理的关联。例如，要想了解哪

种营销方式对哪种人最为有效，会以何种方式影响L2R，机器学习技术会是一个很好的办法。

最后，浅灰色方框标记的部分在传统意义上被视为"软"关联。比如，那杯免费咖啡究竟在多大程度上影响了我对银行的满意度？我的满意度又将如何影响我推荐的有效程度？

沃德银行的故事阐明了几个重要的观点，远远超出了案例本身。不管我们谈论的是公司、个人还是政府，涉及的决策是关于气候还是商业，以下观点通常情况下都成立：

观点12：反馈循环在许多领域不仅意味着精确的数据，更对决策的影响起到主导作用。

图17重点突出的反馈循环（灰色粗箭头所示）道出了许多最伟大的公司、最著名的经济计划之所以取得成功的真谛。如果设计得当，这类循环将产生"赢家通吃"的效应，从而确立其市场主导地位。我们将其称为非线性思维（这也是为什么我从图12开始，用的都是曲线而非直线），但在许多领域才刚刚受到重视。

观点13："软"因果关系不像"硬"因果关系那样受到重视，但它们往往更为重要。

"软因子"也叫"无形因子"，是指决策过程中那些难以衡量，或者与心理因素相关的因子，如品牌意识、精神面貌、同理心、客户满意度、幸福感等。

经济学家、游戏理论专家露丝·费舍尔说：

人们往往对无形的东西避而不谈，因为它们很难衡量。但鉴于你只能管理好你能衡量的东西，差强人意总比置之不理好一些。而且，在当今世界，技术和自动化手段已经让硬的东西越来越优化，同时意味着成功越来越由软的东西来决定。诚然，管理和衡量软的东西不容易，但也并非全无可能。

即使是关注软因子的现代企业，通常也仅重视其中有限的几个。多年来，在与电信公司的合作过程中，我注意到，负责这些因素管理的团队通常是自成一体的。例如，负责客户满意度的团队甚至不能对生产或财务部门的决策产生影响，更别提起主导作用了。反之亦然，通过提升 L2R 促进销售的计划也未能充分传达给生产部门，以至于后者常常对此应对无措。

观点 14：反馈循环中的软因子通常是对企业成功影响最大的因素，却被系统性地忽略了。

反馈循环中的软因子是推动企业显著增长最常见的"隐形"模式。以众所周知的"星巴克体验"为例，星巴克之所以一杯咖啡卖更高的价钱，就是因为品牌效应。

你花钱买的不是咖啡，而是星巴克提供的体验。在别的咖啡厅，没有能记住你最爱的口味的咖啡师，你在推开门的刹那闻不到熟悉的香味，也没有你在星巴克听到的轻爵士音乐和能沉浸其中的舒适气氛。

人们不太了解的是，这种品牌体验是在反馈循环中进行的。公司会在员工培训、福利改善等有助于优化氛围的软因素上持续投资，不断增加经济效益，继而进一步提高产品定价。

令人惊讶的是，尽管软因子的力量如此强大，在我从事技术分析师采访数百家公司的六年时间里，却从没有人主动提起由软因子驱动的反馈循环。或许一些顶尖的商学院和经济学课程会讲授这一点，但理论和实践之间还存在巨大的差距，要在实际中使用大数据、人工智能和决策智能推动其发展，则意味着需要跨越更大的鸿沟。

上面列举的图片乍一看可能比较复杂，但每个部分单独看都很简单。它们的优点和必要之处在于，能让更多人更容易理解这些动态的创新。与此同时，你需要具备出色的图形设计、良好的用户体验分析等能力。

CDD 的起源

决策智能在全世界范围内被"共同发明"了数十次，"部落"中的每个人都能讲述自己的故事，关于我们在解决复杂性问题时感受到的痛苦，以及我们如何寻觅解决方案的过程。

我的故事始于 2008 年与马克·赞加里的合作。马克的一位朋友抱怨说，他花了一大笔钱找人帮他建了一个在他看来非常简单的模型，就为了确定电信公司推出的新产品定价多少最为合适。马克和我听说后，觉得我们也可以成立一家公司来解决这类问题。我们决定先进行一些访谈。

然而，一开始我们得到的反响并不热烈。很明显，关于定价的难题还不够普遍，不足以证明为此创建一个新软件系统的合理性。但我们通过对话听到一种共同的声音，大致是这样的：

其实，我的问题不在于定价，而是整体决策的问题。我们有很多数据，就是没有好好利用它。公司管理层有时真是笨透了！

于是，我们把问题转向更普遍的决策需求上。我们采访了来自世界各地、不同公司或组织的 61 人，并向他们抛出这样一个问题："如果技术能为你解决一个问题，你希望是什么？"

我们很高兴地听到有一种直击决策智能核心的回答："帮助我了解我的决定将会导致何种结果。"另外有一些高级经理们则说："新技术到处都是，但它们太难理解了，我们不会把它们用在最重要的决策上。"

很多人都熟悉下面这个场景。身居职场高位的数据处理老手做了一个季度总结 PPT，里面有各种图表和统计数据。他满怀期待，希望决策者们能在头脑中记住这些数据，然后找到最佳行动方案，得到最好的结果。事实却是，技术专家常常无奈地诉苦："我们有很棒的算法、数据和证据，却得不到董事会的重视。"这里涉及技术经常遇见的瓶颈之一：除非你的分析能直接阐明每项决策通向的结果，或者让人通过图表对此一目了然，否则就称不上成功。

CDD 是怎样发明的

于是，我们向采访对象问了第二个问题："请说出一件过去你做出的高价值决策。"决策者们对这个问题的回答为决策智能的发展提供了重要启发。在听到几十个答案后，我们意识到他们给出的答案存在一个统一的模式。

你可以像我们在研究中所做的那样，让你的朋友说一个他曾经做出的高价值决策，来验证我们的结论是否正确。通常你会发现：

观点 15：人们描述自己在复杂环境中做出的决策，往往有一个共同模式。

一般情况下，你听到的回答会包含下面这些相同的元素：

选择或抉择：他们应该怎么做？申请哈佛大学还是达特茅斯学院？加大投入开发手机的新功能还是降低手机价格？两家新公司收购哪家？要不要贷款给这家公司？今年是否推出新产品线？在决策智能中，我们称其为"决策杠杆"以避免混淆。

结果：他们用什么衡量自己是否成功？"我的年收入""我读

大学期间感到多大的压力""我每年交多少学费"。

目标：怎样才能称得上成功？"我想要一份高薪的工作""我不想过压力太大的大学生活""我希望每年的学费花销不超过 1 万美元"。

外部因素："我只有 5000 美元存款""有一个贷款项目可以为我支付全部费用""我听说哈佛学业压力很重"。

因果链接：有些因果链接可能是积极的，比如：

如果我上了哈佛大学，我能交很多朋友，有朋友的话就能减轻学业的压力……哈佛大学在华尔街声誉很好，上一所在华尔街声誉好的常春藤联盟学校有利于我将来找工作。

但有些因果链接可能是消极的，比如：

哈佛大学的学费很贵，我可能会因此背负很多债务，毕业后还要还债，这会让我很郁闷。

这些一直以来被忽视的因果链接就是本书论述的核心，它们与我在第三章介绍的诺拉·贝特森的"热数据"非常一致。

中间要素：即杠杆和结果之间影响决策的方面。在上面的例子中，中间要素就是"我选择的学校在华尔街的声誉"或"我四年的学费"。

根据 20 世纪早期著名的心理学家、作家卡尔·荣格的定义，"原型"即"集体无意识"。荣格发现，有些思维模式是跨文化、跨时代的，是不言而喻、无意识的，但并没有得到人们的充分认识。上述因素共同构成一个决策原型，一种用于决策的普遍思维模式。

于是，我用 CDD 将该原型诸要素绘制出来，图 18 即其模板。

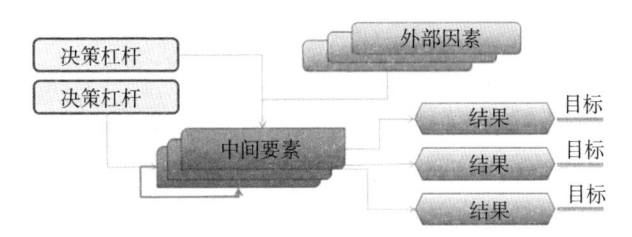

图 18：决策模型：CDD 模板

CDD 范例

下面列举的参考案例包括视频、文章和在线演示等，你可以通过这些案例了解更多关于 CDD 的细节：

• 彭博社为某有线电信运营商建立的一个模型，用来决定于何时何地建造屋顶太阳能电池板、风力发电厂等分布式发电设施。

• 联合国在福布斯 400 富豪榜大会上播放的一段视频，介绍向利比里亚居民健康项目投资的情况。

• 图 19 是在线交互模型的试验，来自关于培训项目的决策模型的一幅屏幕截图。

决策智能：链接数据、行为和结果的新智能

培训总投入：1000美元

每小时培训成本：100美元

目前劳动力平均技能水平：3

项目延期一天的亏损：3000美元

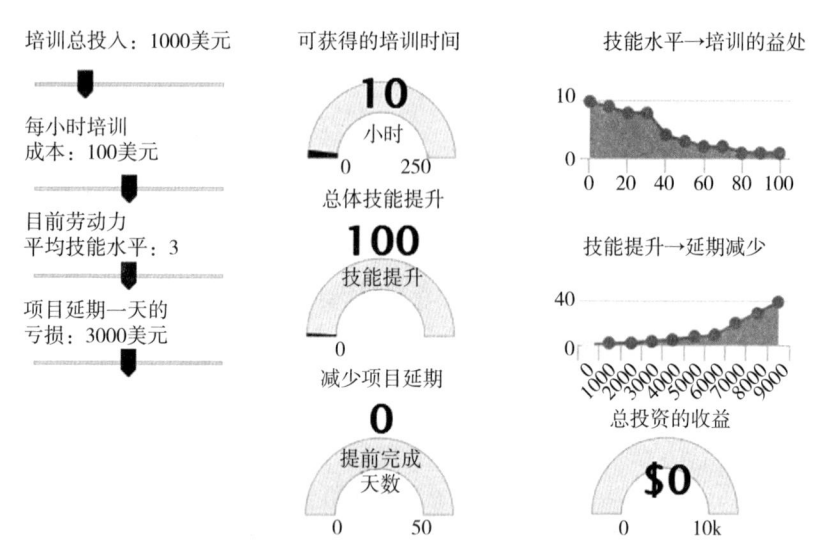

可获得的培训时间：10 小时

总体技能提升：100 技能提升

减少项目延期：0 提前完成天数

技能水平→培训的益处

技能提升→延期减少

总投资的收益：$0

图19：关于培训项目的决策模型

①假设培训成本为100美元/小时，那么当投资1000美元用于员工培训时，一共可获得10小时的培训。接受培训之前，劳动力的平均技能水平是3（总体范围为1~100），而每小时的培训可以为劳动力技能提升10（由一项范围为1~10的评估测试得出），由此得出，劳动力技能通过10小时的培训共提升100。根据历史数据分析，开展培训能为项目工期节省0天。如果项目延期，公司平均每天损失3000美元。这就意味着初期投入的1000美元预期收益为0，甚至可能造成1000美元的净亏损。

• 探讨国际捐款对利比亚里法治建设的影响，图20是其中一幅视频截图。

"软"因素和"硬"因素的结合

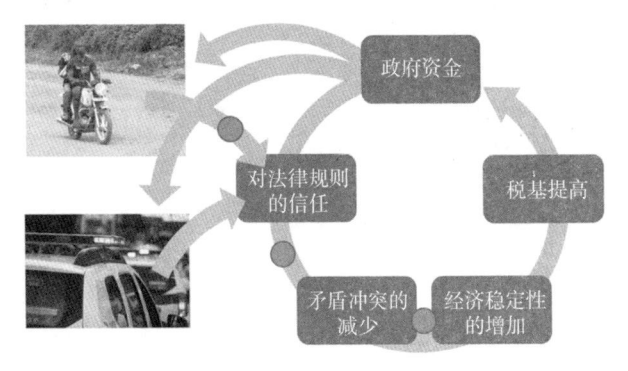

图 20：反映利比里亚国内矛盾循环的决策模型

我会在第四章中更详细地介绍这些案例中的几个。

CDD：集合其他技术的框架

如果一个原因已经发生，我们如何通过计算机得出相应的结果呢？比如，"贫穷减少了，幸福就会增加"，这可能是最简单的定性因果关系。或者你说，"这张图表显示了我发表的文章数量，你可以从中看出我是否适合这份工作"，如图 21 所示。

实际上，用以呈现因果关系结构的方法还有很多，许多技术的实现正是由此切入。图 22 列举了其中几类。

如前所述，决策智能通过使用 CDD 这个框架，将多种技术链接到决策者的日常需求当中。

附注：虽然我们反复说 CDD 链接的是"原因"和"结果"，但从严格意义上说这一定义并不准确。"原因"也可能是产品的成本，

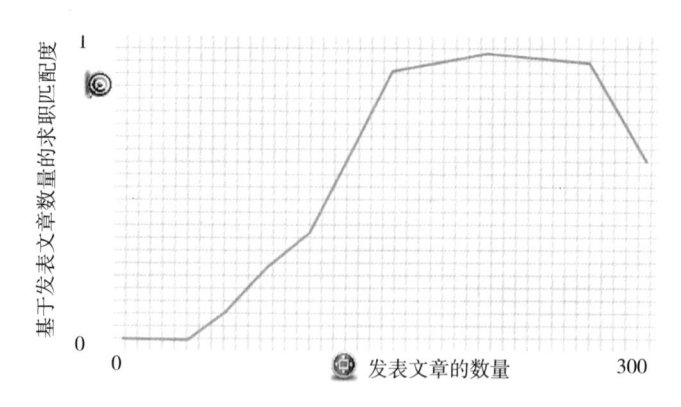

图 21：反映发表文章数量和是否适合某份工作之间关系的草图

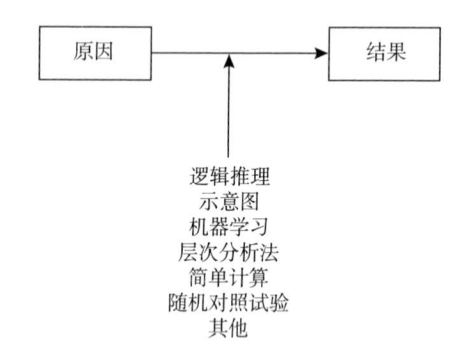

图 22：呈现因果关系的几种方法

（原因 → 结果；方法：逻辑推理、示意图、机器学习、层次分析法、简单计算、随机对照试验、其他）

"结果"可能是净利润，所以两者之间只是一个简单的"计算"关系，不像踩下油门汽车就会前进这样真正的"因果"。从这个例子可以看出，为了更贴近人们对链接的看法，"原因"和"结果"这两个词在本书中被滥用了，现实情况则有更多的细微差别。本书这样做是为了方便你与团队开始决策练习时，省去先要花费很多精力解释不同类型链接的麻烦。在有些项目中，不同类型因果联系的区别根本显示不出来，你只需简单理解一件事在某种程度上依赖另一件事，且团队认可这种依赖关系即可。

决策智能如何扩展机器学习

回到我们刚才说的这一点,链接如何为技术提供切入点。图 23 是对图 18 中 CDD 模板的扩展,表明机器学习和统计模型等可以切入到决策的因果链接环节当中。

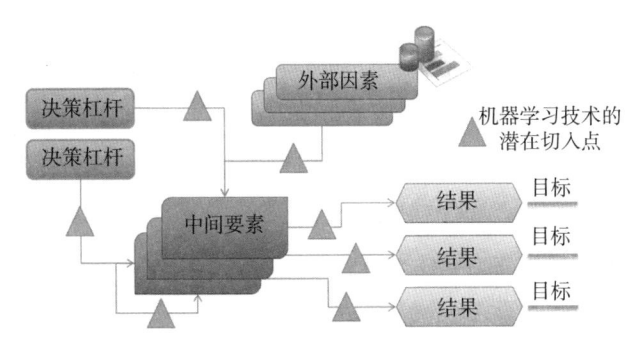

图 23:机器学习和统计模型可以切入到决策的因果链接环节

我把机器学习软件系统称为机器学习模型,在第三章中我还会更详细地介绍。这里,请先设想一个接受一定输入,并产生一定输出的模型。

假设有这样一个模型,它的输入是计算机系统的运行信息,输出是要生成一个 0~100% 的分数,以评估系统是否安全,是否被黑客入侵并窃取文件信息。如图 24 所示,其中的三角形代表机器学习模型。

假如你有一个这样的模型,当然可以起到一定作用,但也只能到此为止。如果模型显示一个很高的黑客入侵指数,下一步该做什么?

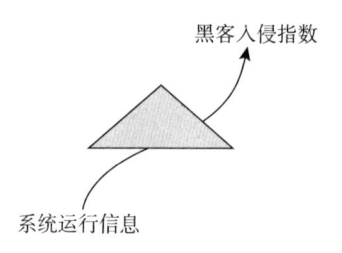

图 24：检测正在进行的黑客入侵的机器学习模型示意图

一般公司会有两个选择，报警或动用内部技术安全团队。根据入侵的类型和几率，这两种选择会产生不同的成本和收益。图 25 是围绕该机器学习模型建立的完整 CDD，同时提供了辨认黑客类型的另一种模型。

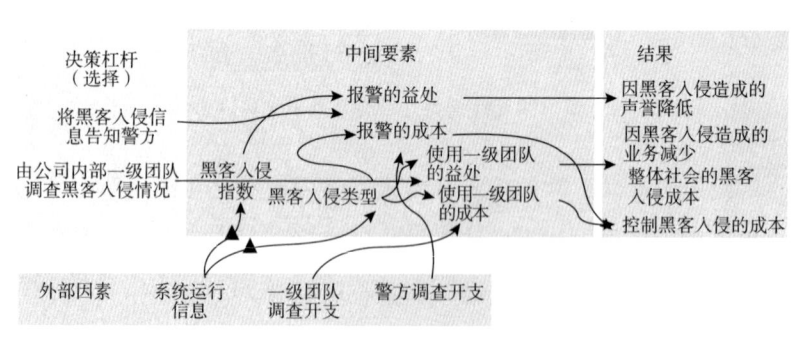

图 25：一个简单的 CDD

正如你所看到的，两种选择各有不同的收益和成本，并对多种结果产生影响。成本的因果流用灰色箭头表示，收益的因果流用黑色箭头表示。在此情况下，收益主要代表黑客入侵带来的成本和风险的降低。

机器学习模型同样适用其他许多领域，比如医疗（"面对这种病情，最好的治疗是什么？"）、客户关怀（"我们应该怎么向这位客户解释？"）、投资（"我们应该在哪里建设下一批光纤电缆？"）、银行（"我们应该给哪家公司提供贷款？"）等。这就导出下面这个结论：

观点 16：机器学习系统的终极价值在于用来支持某种决策和行动，因此在 CDD 中嵌入一个或多个机器学习模型非常有用。

上面的简单图表只是一个引子，除了机器学习，还有很多技术可用来支持图表中因果关系的呈现，而这些因果关系将会形成恶性或者良性的循环，后面的章节中我会更详细地解释这一点。

CDD 的"啊哈"时刻

每次的决策智能会议都有一个明显的时刻，一瞬间，整个房间似乎都放松了呼吸。参会者不再需要耗费脑细胞努力记住决策过程中原本不可见的部分，因为现在这些信息都明明白白地写在白板上。

观点 17：当我们在一张图表中捕捉到关于某个决策的灵感时，将对思维产生巨大影响：此时，我们不再需要记住决策中所有不可见的部分，而是专注考虑如何实现对它们的创新。

过去同样有许多绘制图表的技术手段，比如蓝图、业务流程模型、软件 UML 图、CAD 和 CAM 等，CDD 同这些技术手段一样，把跟踪各个部分信息的脑力工作委派给了纸张和工具，从而解放了作为决策者的人类，使他们能专心从事最擅长的创造性工作。同时，各个利益相关者常常因缺乏文档记录，或因对情况理解不同而产生分歧，CDD 从根本上减少了这一摩擦。

许多组织使用大数据或人工智能等更先进的技术来做决策，但没有用 CDD 这样的方式正式地画出来。其实，今天我们缺少的不是口头交流、文本档案、可视化数据等各类方法的杂糅，而是将这些决策元素放在一起展开讨论的统一框架。

电信公司呼叫中心的案例

图 26 的 CDD 说明了有关客户关怀的决策是怎样提高收益的。和上节中的例子一样，它证明机器学习适用于决策智能。这个模型是我参加 2014 年 COMET 高层峰会（译者注：一个为电信行业专家举办的会议），为当时的演讲准备的。在会上，我用视频的方式演示了这个模型。

在图表中，你可以看到浅灰色表示的决策杠杆、深灰色表示的结果、黑色表示的外部因素和黑灰色表示的中间要素。和图 25 中的电脑安全应用程序比起来，这张图说明了机器学习在一个更大的决策框架中所处的位置。在该案例中，有多个机器学习技术

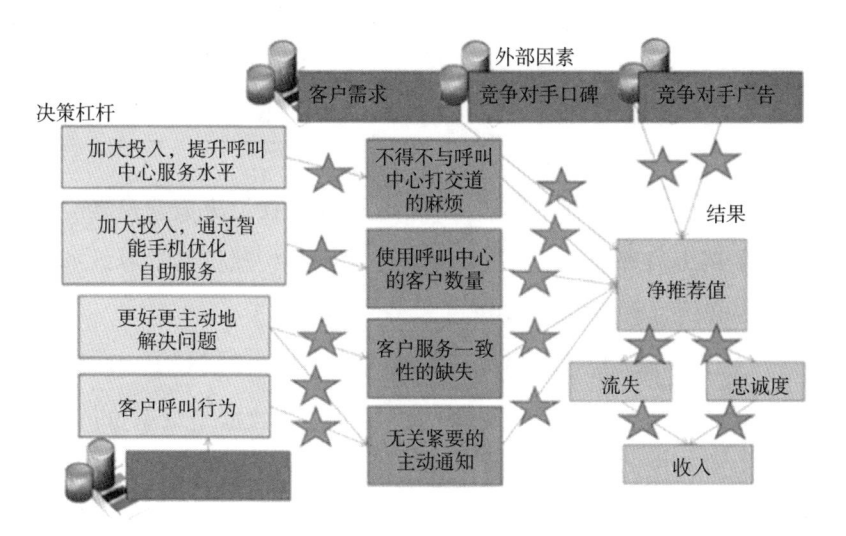

图26：电信公司呼叫中心决策模型

的接口，在图中用星号标示，部分如下：

- 预测客户流失（流向竞争对手）的可能性。
- 预测投入自助服务后呼叫中心的使用情况。
- 预测客户基于其持续获得的高品质服务、在客户调查中反映的忠诚度等因素，向朋友推荐该公司的可能性。
- 弄清楚智能手机的普及改善自助服务后，呼叫中心的用户数量会受到哪些影响。
- 呼叫中心的音量大小如何影响网络推广者的评分。
- 怎样做到让客户数据更加一致，进而通过多个渠道提高良好客户体验的延续性。
- 其他。

决策先于数据

我们在工作中有一个常见的错误，就是在给决策建模之前花费太多精力清理数据。在实际情况中，用于构建机器学习系统的数据一开始时通常是不可用的。

CDD一个非常重要的价值在于，它能统一团队对于现状的理解，从而得出结论，确保拿来为机器所用的数据是最有价值的。哪怕没有数据，该模型也可以作为模拟得出一个暂时甚至永久的定性或定量公式。

我有必要在此重申构建决策模型的本质：为决策正式建模之前，数据并不是必需的。事实上，数据的存在还可能会让人分心。

观点18：在使用决策模型时，我们不断收集数据，好让每个链接都能表达我们关于如何实现影响的最佳理解。但随着时间的推移，我们可以通过适应性学习来不断提高我们做出类似决策的能力。实际上，我们完全可以在没有数据的情况下启动决策模型，然后在推进的过程中收集数据，这样就再好不过了。

上述观点十分重要，而且迥异于以前以数据为中心的决策建模方法，因此值得以另外一种方式重申：

观点19：决策智能是一个"神奇的循环"。一开始，没有数据的CDD自身就有价值，随着时间积累，它获取的信息越来越多，就会变得越来越强大。

这一观点和当今许多以人工智能或数据为中心的意见领袖们形成鲜明对比，后者习惯于凡事从数据开始，然后寻找一种机制（比如人工智能）使用这些数据，直到这时才开始问要用这些数据做出什么决策、解决什么具体的问题。如果你认同最终的目标是解决问题，购买或销售技术应该居于其次，那么换一种工作方式要划算得多。

观点20：数据、技术和人工智能必须让位于对它们所支持决策的认真理解。如今世界上有成千上万个项目，人们却不愿费心思开发一个协作的、结构化的决策模型，因此造成大量资源的浪费。

观点21：数据管理的费用常常出乎意料的昂贵。构建CDD有助于将数据管理工作集中在真正重要的决策部分，从而减少数据管理工作中"无用的"部分，最终以更快的速度、更低的风险获得价值。

复杂性的天花板

为了实现美好的未来，我们必须更新思维模式，去拥抱求同的结果，而不是依赖单一的路径。我们的世界是复杂的、碎片化的，甚至常常是混乱的，我们能够实现理想目标的唯一途径就是思考多个不同的可能性,并从中汲取力量,确保我们自身具有适应性、柔韧性和变革性。我们如何想象今天最好的答案和最正确的行动?答案是成为未来的创造者,而不是坐等命运来决定明天我们身上将发生什么。

——弗兰克·斯宾塞和伊维特·蒙特罗·萨尔瓦蒂科

(Kedge/未来学校)

设想你是一名建筑工人,在一个秋高气爽的早晨,你戴着安全帽来到你的新工地,开始你的新工作。你心中充满了期待,因为你得知这是一项充满雄心壮志的大工程,未来这座大楼将成为这里最高的建筑,矗立在城市的天际线上。

这时,工头开始对你们讲话了。"对于这座新型建筑,我们将采用一种新方法。我们已经画好了蓝图,"说着,他将一沓厚厚的文件发给你和你的同事,"请仔细阅读这份文件,它将解释我们要建造什么。文件里说得很仔细,还附有许多图表解释我们的工作。"

乍听下来,你一定觉得这个故事很荒谬。但不可否认,没有蓝图(现代蓝图的等价物是计算机辅助工具),你就不可能建成摩天大楼或者飞机、火箭等任何复杂的东西。而缺少蓝图,正是世界上最大的公司和政府在制定最复杂的决策时所发生的情况。

以我的朋友赫尔穆特为例,他是我以前的老板,我们多年来一直保持友好的联系。赫尔穆特为一家欧洲电信公司工作,是首席执行官的顾问团队成员之一,因此他经常参与公司最重要的决策,这些决策将最终影响全球数百万用户。多年来,我们一直在讨论决策智能,有一天,赫尔穆特和我分享了他们做决策时的标准流程。每隔一个季度左右,他的一位同事会进行一场约200页的PPT展示,用大量图表介绍公司的竞争对手、市场上出现的新技术等情况。接下来,这份PPT将提交给他们顾问团队,由他们做出关键决策:应该提供哪些新产品,应该收购哪些公司,应该开发哪些新技术,等等。

问题在于,赫尔穆特的团队根本不可能在大脑中将这些图表整合起来,再用连贯的方式消化它们所包含的信息,更别提在此基础上做出有效的决策。这就像期望我们的建筑工人在缺少蓝图的情况下建造一座大楼一样荒谬。

为了理解隐藏其中的原因,让我们思考一下蓝图的作用是什么——它为我们展示了各个部分如何组合成一个整体,比如它告诉建筑工人们,房屋的电力系统可能会干扰管道或建筑结构。建筑物是有形的,你可以触摸和移动,很显然,如果没有这样一张基础的图表,你甚至连个狗窝都搭不起来。近年来,我们需要的已经不止于一张蓝图,于是计算机提供的支持日益重要起来:计算机辅助设计(CAD)让我们能够模拟三维空间,确保事物的各个零件比如齿轮马达,能够正确地整合在一起。

赫尔穆特要做的决策和摩天大楼同样复杂,同样需要一种结构化的方式将其"蓝图化"。但由于决策是无形的,所以直到最近,蓝图缺失的情况始终没有引起人们的注意。这是因为,领导团队的那批人正是在"无形决策"的环境中被提拔起来的,他们对改变怀有天然的抵制心理,不到"最后关头",他们会一直仰赖自己习惯的那种次优方法。

打破复杂性的天花板

类似我的朋友赫尔穆特这样的故事还有很多，它们共同表明，现代组织的决策制定已经触及复杂性的天花板，重大决策制定所涉及因素的数量和复杂性均已超出我们原有的能力，如图27所示。如今，我们必须考虑的信息量如此之大，面临选择的数量如此之多，各个因素之间还会以不可预见的方式相互作用，产生令人不安甚至完全意想不到的结果，这些都令大多数决策者倍感压力，也对其通常依赖的技巧提出了挑战。

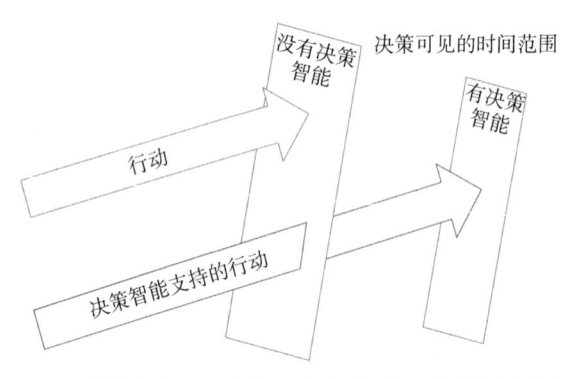

图27：决策智能将"决策可见范围"进一步扩展到未来

更糟糕的是，在当下的世界，错误决策可能引发的后果更为严重，不仅以损失多少金钱来衡量，甚至要以生命为代价。人们冒着巨大的风险去做决策，而他们的立足点常常是站不住脚的。

观点22：许多大型组织和整个社会做出的决策已经达到非常

复杂的程度，缺少章法的决策过程已经不足以应对。现在，赌注变得越来越高，游戏越玩越快，不能仅仅依靠直觉和运气。我们需要的是一个能给我们带来最大获胜机会的体系。

复杂性的增长降低了决策的有效性，这种情况出现在多个行业，表现为不同的形式。一个典型困境是以数据驱动的"分析法"和依靠直觉的"归纳法"之间看似不可调和的分割。两者都有各自的优势和局限，但很难在统一的决策框架内进行合作。

人们通常从方法论的角度批判基于"直觉反应"给出的解释，认为它们与"理性分析"相矛盾。事实上，这种二分法是人为造成的，而且往往不利于决策结果。

复杂性的几个维度

复杂性渗透到决策制定的方方面面，例如：
- 决策要考虑因素的数量，包括投入、期待结果、决策元素之间的依赖性、周边影响（常常是预期之外的）、长因果链等。
- 时间变化。上述很多因素在决策和执行过程中都会发生变化。
- 传媒或技术等领域非线性的主导地位和赢者通吃的市场扩张。
- 数据的难以获取、难以管理、难以解释、仅部分可用、不确定甚至不正确。
- 人为因素。例如观点的不同、决策贡献者的技能水平和经验、政治环境和其他社会关系的影响。

这样做并不能解决复杂性

应对上述挑战的方法一般如下：收集更多数据，聘请更多统计人员、建模人员等专家，构建更复杂的统计模型，或者对技术部门提出更高要求，让他们搭建一个更有利于共享和协作的信息系统。

这些方法有时能发挥作用，但更多时候是不够的，不能解决问题的根源。原因在于它们未能将事实和数据、人类专家的观点判断，以及技术平台（如果有的话）整合起来。在许多组织中，系统、数据和人类参与者被文化、语言、空间距离和时间延迟分隔开来。

采取这样的举措就像聘请一位新专家来建造你的房子，但蓝图始终是缺失的。

复杂性天花板导致非预期结果

现在，让我们回到那家有热气球的欧洲公司。

我们为客户解决的核心问题是，通过结构化的图表和流程，帮助他们理解决策如何在不同部门之间交叉运作。理解这种内在的复杂性已经很不容易了，但我们还希望能帮他们理解外在的复杂性，比如门外那些担忧气候变化的社会活动家的高声抗议。我们一次又一次地发现，没有决策智能或类似工具的支持，许多组织都迷失在复杂性当中。像我们客户这样的大型跨国公司，尤其容易受到外部风险的威胁。因此，对利益相关者而言，具备系统性的理解方才不再是某种奢侈品,而是必需品,更是一项财务责任。

然而,尽管面临诸多新挑战,我们做出复杂决策的方式仍然没有改变。新产品的发布仍然由董事会决定,商业贷款仍然是在不了解公司所有权的情况下承保的,整个部门或项目的启动和解散仍然没有经过严格的分析论证,立法时仍然没有详尽地研究影响和跟踪分析。

原因何在?因为尽管我们手握大量的新数据,我们的工具却跟不上。

观点23:我们已经到达复杂性的天花板,许多领域面临的挑战是现有工具无法应对的,因此,系统性的偏见和思维缺陷将导致非预期结果的产生。(在谷歌 Ngram 数据库中搜索发现,从 1940 到 2000 年,"非预期结果"这一短语的出现频率显著提高。)

数据和决策之间仍旧存在鸿沟,这意味着我们不得不套用柯勒律治的一句话来表达这种失落的心情:"成堆成堆的数据,却没有一个能帮助我们思考。"

应对复杂性的解决方案

决策智能的概念出现在世界上许多地区,这是符合历史规律的:从击石取火到筑金字塔,从建摩天大楼到造火箭飞船,人类逐渐学会齐心协力地解决问题,创造越来越复杂的工具,完成了一件件不可能由单个人完成的工作。

伴随着这些技术的发展，人类的创造能力已经到达极限。这就是复杂性的天花板，如果没有新的方法，我们就无法取得更新的进展。就像解决方案的概念被广为人知之前，人类曾度过一段普遍崩溃的时期，桥梁垮塌、汽车相撞、建筑着火，比比皆是。今天，我们同样面临着方方面面的挑战，贫困、不平等、民主、气候变化等问题正在困扰着全球。

面对这些问题，寻找解决方案刻不容缓。纵观历史，解决方案有以下几个共同要素：

• 具备正规的视觉化语言，尽量减少沟通的模糊性，方便信息和知识的共享，促进具有不同技能和背景的群体达成共识（比如，一组用于制造电机的计算机辅助设计指令或图形）。

• 具备创建可视化图形的设计准则，包括值得借鉴的成功案例和应该避免的常见错误（比如，画一张好的蓝图所需的设计技能）。具备容纳不同专家一起工作的任务系统（比如，建造一栋建筑同样需要电路设计人员）。

• 针对每项任务都有清晰的质量检查和平衡控制体系（比如，不同团队采用同样的审查流程，确保软件在发布之前零缺陷）。

这些都是工业领域通用的准则要素，由此得出以下结论：

观点24：决策制定类似于一门工程学科，CDD就像工业领域的许多设计工具一样，也可以被视为某类产品。决策智能所包含的这些因素，来源于工业领域积累的最为成功的经验。

认识到决策过程需遵循一个生命周期,从问题的形成开始,到解决方案的完成结束。

- 明确决策需求的定义,并将其转换为所有人都认同的规范说明。
- 迭代设计过程中要整合数据和专家意见,允许多种数据场景的存在,并分别进行模拟。设计过程中应产生 CDD 和相应的文件记录。
- 每一阶段都应具备质量保证和安全保护措施。决策质量保证包括检测决策中潜在错误的环节。通过错误假设、有缺陷推理、统计偏差或其他错误,对一个决策进行评估。质量保证的另一个关键是有效识别用来支持决策的数据所具有的不确定性,尤其当它们在决策建模的过程中导出相应结果时,更要确保所有参与者掌握并理解这种不确定性。

正如 Informed Decisions 公司首席技术官霍坎·埃德文森所说:

我制定决策智能模型时总会设置一个问答环节,通过问答让在场参与者以及我本人对该模型和方法都更有信心。具体来讲,我是通过反测试来进行问答的,使用某个历史数据推动决策向前,然后得出实际已经发生的结果。

- 明确"挂钩",确定智能技术链接到整个决策框架中的位置。
- 决策实现阶段的核心在于执行,因此哪怕是最简单的环境要素也要进行模拟假设,以确保它们保持在决策模型产出的期望结果的范围之内。
- 如果要在一个组织当中实现某个决策,一致性的达成至关重要。这就要求在决策过程中，所有涉众对关键术语的理解是一致的。

决策随着动态环境的变化而变化，为保持一致性做出的持续努力就显得愈发重要。如果一家企业需要几个月的时间才能向员工讲清楚公司战略方向的转变，那就说明它过于迟钝了。许多决策智能的成功案例，尤其是 CDD 的使用，对组织内部一致性的实现大有助益，无论在决策规划、决策实现，或其生命周期中随环境变化的阶段，参与者都能围绕决策及其基本原理进行更好的沟通交流。

这里可以类比一下仪表盘和收入保障系统技术——我们所做的不是随意模拟，而是在规划预期的语境中进行模拟。如果在模拟过程中出现了新信息，即表明原始决策需要调整，此时要做的，就是重新启动决策规划活动。

上述各阶段为开展决策工程最佳实践提供了框架。尽管今天许多组织内部的实践情况符合该框架的某一个部分，但到目前为止，它们还未被整合到一套统一的流程当中，更没有被视为一门正规的工程学科。通过将它们统一到这个框架当中，我们不仅具备了一套规划决策的严密方法，将定量数据和人类经验的价值最大化，也具备一个有效手段，让尚处计划阶段的产品最终导向决策目标的执行，并灵活应对随时间推移而出现的变化。此外，将该方法视为一门工程学科，并与历史上其他和决策工程密切相关的学科相对比，我们就能发现更多机会来验证、改进和拓展它。

最重要的是，决策智能首次创建了一个标准化的概念框架和一套相应流程，以提高复杂决策制定及实现的成功率。在这个框架下，决策者能够在属于他们的时间线里，使用其他历史更加悠久、经过千锤百炼的学科所提供的分析技术，克服他们面临的复杂情况。

另外，在决策规划期间生成的文档记录也为未来的决策提供丰富的基础材料。传统意义上的"决策支持材料"通常是临时的，在决策制定完之后就被丢弃一边[①]，但CDD与之不同，它结构清晰，是决策实现过程中的有机组成部分。作为文档，它始终是"活的"，完全可以被反复使用，因此CDD顺其自然地将"历史教训"实时融入组织最新的决策文化中。

搭建技术与实践之间的桥梁

诚如我前边所说，看待决策智能的方式之一就是把它看成是连接人工智能技术和实践的桥梁。通过发挥人工智能、大数据、人类专长等技术的作用，决策智能帮助各组织用复杂的因果链进行推理，从政策制定到行动实施，再到结果生成。这些链条包括传统的财务链条，也包括"软"因果链。

举个例子，决策智能模型可能会为一个团队分析出如下结论：虽然花钱雇佣残疾人短时间内更加昂贵，但长远来看会产生巨大价值，通过降低消耗、提高生产率，最重要的是增加人文关怀，提高员工的士气和积极性，团队将大为受益。

观点25：决策智能是人工智能下一阶段的自然延伸。它填补

[①] 我们曾经见过数位来自政府和企业的高层领导，他们负责的项目预算高达数千万美元，但他们常常为不得不"从零开始"感到沮丧，他们对前辈所做决策凭借的理由知之甚少，因为没有以一种可以重复利用的方式被记录下来。

了我们当前使用人工智能和机器学习技术的重要空白地带。

在此意义上，柯兹科夫称决策智能为"机器学习+"。决策智能的第二个好处是，它能帮助我们理解更为复杂的情况（比如为什么要进行某项业务投资），并对决策所依赖的假设条件进行不断地更新、验证、跟踪。继续上面那个例子，如果要让企业充分认识到雇佣残疾人的价值，他们必须：

- 了解企业内部实现财务业绩提高的软因子。
- 模拟涵盖财务影响、社会影响和环境影响的"三底线"，Kedge 的弗兰克·斯宾塞称之为"同步倍数"。
- 模拟外部因素，了解企业如何影响更大范围内的竞争、社会、生态和市场环境，从而产生长期来看对自身有利的"飞镖效应"。（译者注："飞镖效应"，也称"飞去来器效应"，社会心理学的一个术语，借用飞去来器的特性，代表行为产生的结果与预期目标完全相反的现象。）

传统公司运营模式的前提是"资源无限论"，这种狭隘的思想值得警惕，它正在对社会和生态造成极大的负面影响。决策智能的可贵之处就在于，它为各个组织赋能，通过运用工具主动模拟这些因素。

- 找到利润和目标之间的最佳点，即财务目标和社会价值的同时实现。

观点 26：精妙的决策智能工具能够帮助人们寻得"圣杯"，即罕见且无价的解决方案，在似乎是一团混乱的泥潭中实现各方需求的满足。

假设企业要雇佣一批自闭症患者，它需着重考虑的就是对他们进行专门培训的成本和收益。也就是说，企业需要知道将一名自闭者患者培养成一个合格员工需要多少成本，同时预估他能带来多少生产力或其他好处。

这时，该企业可以使用决策智能建立一个模型，其中需要涵盖下面这些假设和数字，例如培训每小时要花多少钱，应聘者当前的技能水平，以及要达到预期水平大概要花多长时间等。一旦建好了初始模型，企业就可以根据投入、成本、操作变量和期待结果来测试各种场景。

例如，根据经验，企业可能会考虑，如果项目延期，会造成多少预估损失。对此，可以实时调整场景，并以可视化的方式呈现出结果。比如，图 28 交互式的决策智能模型展示了企业在减少碳排放的整体背景下应如何思考其投资动态。

图 28：关于碳税的交互式决策模型

简单所具有的民主化力量

另一种看待决策智能的视角是，它赋予了诸多强大技术易用性。决策智能的目标是将复杂的技术带进董事会、立法机构以及其他不适合详细演绎数学或算法的场合，因此，技术的易用性不可或缺。

这也是为什么这些技术必须嫁接进 CDD 或类似框架之中，因为这是最自然、摩擦最小、能将理解它们的脑力劳动减至最低的方式。如果你还寄希望于领导者们像学习谓词逻辑或因果推理一样掌握一门新技术，那是不现实的。

否则，除了最专注的人以外，所有人都会回到"用 PPT 做决定"的状态，或者更加危险，回到"房间里最有个性的人做决定"的状态中去。

变化环境中的正确决策

> 只关注当下而不考虑将来，就不可能做出明智的决定。
>
> ——伊萨克·阿西莫夫

一个决策产生何种结果，不仅取决于你的行动，还取决于外部环境。你无法控制的环境将影响对下面这些问题的解答：

现在情况怎样？未来又将如何？我现在能做些什么和外部环

境互动，以达到我想要的结果？

随着外部环境的变化，尤其是我根本未曾预料到的变化，我该如何回去修正那个决策，确保我仍然能实现当初想要的结果？

与以往不同，全局决策不再是在一个静态环境中做出的。相反，我们在一个信息不断涌入的河流中航行，它随着时间的流逝反复冲击着每一个人。图 29 显示了这些外部因素在框架中的位置，正如你所见，有许多需要我们用心追踪的信息，这时计算机就显现出它的作用了。

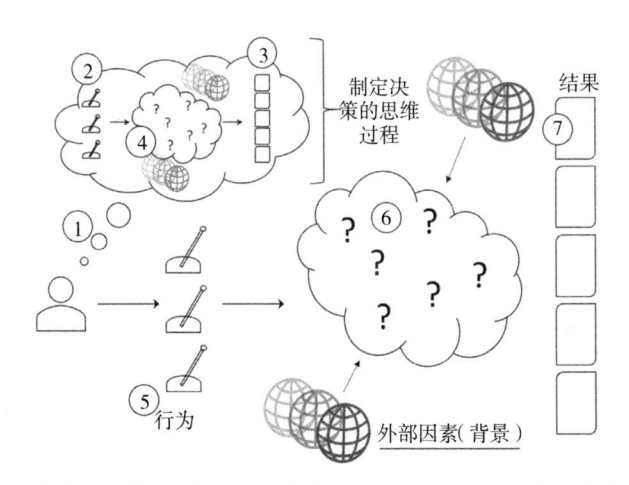

图 29：决策产生的结果不仅取决于你的行动，也取决于你无法改变的外部环境

第三章介绍的是被整合到决策智能框架中的各种技术，以及它们是如何与 CDD 模型相适应的。第四章更接地气，带你看一些决策模型的实际案例。

决策智能：链接数据、行为和结果的新智能

第三章

解决方案复兴的拼图

03

CHAPTER THREE

决策智能：链接数据、行为和结果的新智能

> 数代人以来，人类一直致力于对单个学科的深入探究，如化学、经济学、技术、物理等，但当更大的问题出现时，我们却没能将这些解决方案整合起来。
>
> ——约翰·麦克马伦

> 智慧是系统作为一个整体所发挥的能力。
>
> ——格雷戈里·贝特森

"邪恶问题"之网

自文艺复兴以来，人类文明发展出日益丰富的专门学科。而今天我们面临的挑战是，必须重新将它们联系起来，以解决人类社会面临的最棘手的问题：民主问题、气候变化、地区冲突，等等（有人将它们形容为"邪恶问题"）。这些悬而未决的问题背后有一个共同的逻辑，就是它们只能通过一种综合的办法来解决——试图在不解决经济问题的情况下解决地区冲突，或者在不解决世界范围内妇女地位问题的情况下解决民主问题，必然都会遭遇失败。

"千年计划"认为，所有这些挑战正构成一个相互依赖的网络，如图30所示。

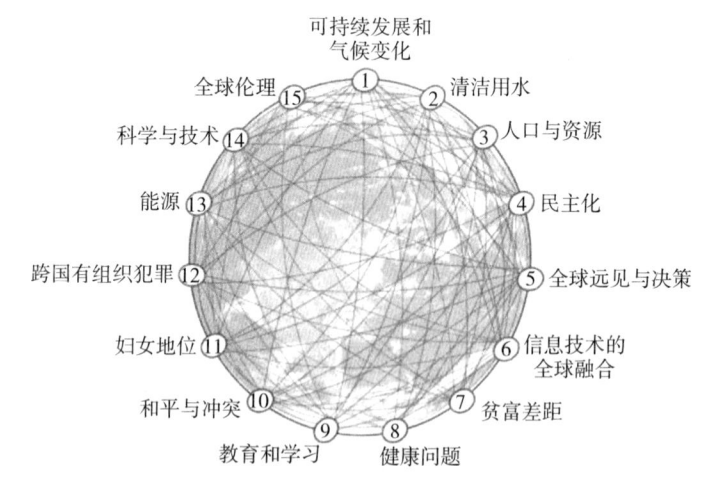

```
                    可持续发展和
                    气候变化
         全球伦理  ⑮  ①  ②  清洁用水
      科学与技术 ⑭              ③ 人口与资源
        能源 ⑬                    ④ 民主化
     跨国有组织犯罪 ⑫              ⑤ 全球远见与决策
        妇女地位 ⑪                 ⑥ 信息技术的
                                     全球融合
        和平与冲突 ⑩   ⑨   ⑧   ⑦ 贫富差距
                    教育和学习  健康问题
```

图 30："千年计划"列举的全球 15 大挑战

图中列出的挑战 5，本质上就是决策智能想要实现的目标：

如今，随着人工智能、大数据、仿真模拟、集体智能、电子政务等技术的发展，随着对人类心理因素如何影响决策及其结果的更深入了解，以及各种移动应用程序的猛增，对决策和预估系统的支持越来越有力。然而，有一点从未改变：领导者们极少接受如何培养远见或怎样制定决策的正规训练。

决策智能以多种方式解决这个问题。在最基本的角度上，它提供了一套标准方法，描述决策在各个层面产生的影响，正如在各个竞技场来回跳跃一般。这个方法就是 CDD，正如前文所讲，CDD 是一个能够整合多种技术、多门学科的框架。

本章将介绍解决方案复兴涉及的诸多关键技术和重要学科，

让它回过头来与决策智能和 CDD 联系起来。下面的每一节都足以作为别人一本书的主题,甚至是整个期刊或学术团队的研究课题,相较之下,我的处理无疑是简单粗略的,目的只是让读者大致了解每种技术的概况,以及它们是如何适应决策智能框架的。

大数据

> 大数据只是一个大后视镜,而不是 IT 供应商们声称的透明挡风玻璃。它告诉不了我们任何关于未来的事情。
>
> ——米洛·琼斯、菲利普·西尔伯灿

数据在很多方面是人类的"第七感"。来自火星探测器的数据告诉我们火星表面的情况,来自旅行者号探测器的数据告诉我们太阳系外围的样子。再举离我们近点的例子,像谷歌这样的行销公司拥有关于当今人类行为的海量数据,像 Fitbit 这样的健康公司拥有成千上万人的睡眠和健身信息,远远超过历史上最大规模的科研项目。

美国国家海洋和大气管理局(NOAA)发布了数以 PB 计的数据(译者注:1PB 等于 1024TB,1TB 等于 1024GB)。NOAA 每天通过多种方式存储数十 PB 的数据,生产出 1500 多万个产品,从纽约市的天气预报到西雅图的潮汐观测,据说产出的这些数据每天就有 20TB,是美国国会图书馆全部印刷品数据量的两倍之多!

据麦肯锡公司称，Facebook 每个月储存 300 亿条信息，美国医疗数据的价值高达 3000 亿美元，美国国际开发署的空间数据仓库是一个基于地图的数据宝库，RECAP 项目（完整互通的案件流程管理和法院管理系统）可以让你查到几个世纪前美国法院的判决意见。然而：

观点 27：如果说数据是一场海啸，能够充分利用这些数据的系统却是一片荒漠。

根据 TM 论坛（译者注：TM 论坛是一个致力于通信行业数字化转型的全球行业协会）的说法，"企业对大数据的渴望和它们操作大数据的能力之间的鸿沟越来越大"，关于如何将数据转化为价值的知识和经验严重匮乏。

数据未得到充分利用的根本原因在于，将数据有效用于预测和决策需要一种全新的管理、净化和思考方式。我在每一天的工作中都会遇到各种"数据神话"，像"只有数据好，模型才能好"这样的错误观念仍然根深蒂固。很少有组织真正认识到，有些数据相比于其他数据有更强的预测能力。

这对我自己从事的工作来说是件好事，因为我们有能力将数据"原材料"提炼成能产生商业价值的人工智能和决策智能系统。然而，我们目前的工作还是千里之行的小小一步，只是未来无尽价值产生的开始。

因此，尽管存储、处理大数据的系统为决策智能提供了重要技术支撑，但由于结构性的误解和已经错失了的机会，它们现在只实现了一小部分价值，主要表现在以下方面：

• 目前，许多系统之所以被创建出来，都是为了获取当下和过去的数据，但它们真正的价值还未被挖掘出来，没能用来加深对支持未来决策的因果关系的理解。例如，你所生活的城市公用事业部门储存有当地家庭每月的用电信息，但它没有使用这些数据去预测哪些客户可能会对控制恒温器的应用程序感兴趣，这样当他们出门的时候，就能通过控制恒温器节省能源，同时保护他们的个人隐私。再例如，当地政府掌握大量的交通数据，但也没有利用这些数据来决定在哪儿建自行车道，可以最有效地减少城市温室气体排放，疏解道路拥堵。

观点 28：对于大量储存、未被利用的数据来说，最重要的不是事实和数字，而是因果关系，是将一个事件与另一个事件连接起来的关系。

• 通常，数据库中 10% 的数据具有 90% 的预测能力，但极少有组织知道如何找到这 10%。由于缺少这种洞察力，许多公司和政府花费数月甚至数年的时间来清理他们所有的数据，而不是其中最有用的那部分，因而产生大量不必要的支出。

观点 29：数据与数据之间并不是平等的，管理那些价值不大的数据是巨大的时间浪费。

• 小数据也有价值。在有些领域，因果模式非常清晰，不需要太多的例证，甚至在最粗糙的数据中利用几个字段就能找到。然而，我们常常过分关注大数据，以至于忽略了这个事实。

观点30：小数据也有价值。重要的不是你数据表的行数和列数，而是它发出的信号之于数据噪音的强度。

• 人们对数据的关注更多是在预测而非决策上。例如，微软公司对其大数据战略的描述部分如下：

我们提取了过去几十年的历史气象数据和航班延误数据，建立起一个预测模型，将二者结合起来。然后我们就可以回答，"在一个晴朗的日子里，不同航空公司、不同机场、不同时间的航班延误概率是多少？"基于历史气象数据，我们也可以回答，"底特律积雪达到6英寸的概率有多大？"

可是，如果没有最终导致行动，这种预测就是没有价值的。重要的不是回答"我错过飞机的概率有多大"，而是"我预定哪趟航班才能满足以下条件，一是我赶上的几率最大，二是尽可能乘坐787飞机，三是尽量减少我的飞行历程，四是尽可能避开底特律"。也就是说，我们需要提出决策问题，并将所有的点连接起来，通过一个完整的因果链来导出结果。

置于CDD的框架当中，数据承担以下几个角色：
• 作为外部信息的来源。这些因素不在我们能够控制的范围内，但它们与我们的决策相互作用，影响结果的形成。外部因素主要分为两种，一种是在决策时间段内不会改变的因素，比如地球的直径；另一种是对那些我们无法改变的事物的预测，比如未来12个月的降雨量。

- 作为训练数据的来源。从中我们可以观察每个环节如何运作，具体包括：机器学习模型的训练数据；用于统计的数据，以获取重要的因果关系或相关性；随机对照试验数据；影响其他模型如仿真模型、博弈论、层次分析法等的数据；以及有助于提供"软"链接的定性数据。

需注意的一点是，数据可能来自内部，也可能来自外部。随着决策变得日益复杂，当我们的组织机构不断与外部世界产生交互时，我们模拟复杂动态的能力就更具有实际意义。

上面列举的数据的作用并不全面，更多细节说明将在下面的章节中展开。

热数据

热数据倡导者诺拉·贝特森是国际贝特森研究所的负责人，也是格雷戈里·贝特森的女儿。

2010年年初，贝特森听了一场关于军队在叙利亚活动数据的报告。她注意到，这场报告以及做出的决策都忽略了一系列重要的背景信息：当地人对士兵的态度怎样？入侵会对经济造成什么影响？这场战争作为"代理人战争"的一部分，对地缘政治产生了哪些影响？因此，她向在场的观众这样问道："有关这些联系的热数据在哪里？"

如今，贝克特在全球范围内开展热数据工作坊。他们的宗旨是让人们认识到用于捕捉这些联系的数据的重要性。她解释说：

它不同于行动或定性研究，而是着眼于利益相关者之间的关系。就算你拥有全世界所有与它们有关的数据，但只要你不去研究它们之间的关系，你就没有抓住最为关键的维度。

关于因果链，贝特森这样说：

因果关系就像一碗由多种食物混合而成的汤，人类生活在多重语境之中，通过同时整合多种内容来做决定。你初次见到某个人，不会一次只考虑一件事，例如他说话时使用的某个单词，或者他与他人交流的水平，你会综合他的背景和讲话的方式做出判断。当两人进行有意义的交流时，实际发生着更深层次的共鸣，那就是交叉参照和多重语境。这个过程并不一定是有意识的思维所能达到的。

贝特森接着解释说，这种模式在其他领域也会反复出现，从个体到家庭、组织甚至生态环境所遭受的创伤，均无例外。改变必须从系统层面进行。一棵树"与其他有机体处于相互回应和校准的状态。它既创造了阴影，也回应着阴影；它既给风制造了阻碍，也回应着风"。我们对这些关系的忽视是危险的。为了描述、理解并修正这种类型的系统，贝特森的团队提出了一种思考数据的全新方式，以展示关于事物间联系的、跨语境的信息，也就是她今天所说的"热数据"——从过去的单色数据走向更大、更丰富的光谱。

热数据也支持双重约束、悖论、矛盾和复杂系统运动的观点。它同样承认审美的重要性，承认身体本身对"错"和"对"的感知是人类潜意识表现其洞察力的一种方式。在国际贝特森研究所的热数据工作坊中，广大参与者逐渐认识到这些相互依存关系的丰富内涵，当它们被忽视时容易产生的常见失误，以及挽救这些失误的最佳做法。

贝特森还提醒一点，不要滥用诸如 CDD 这样的图表。在她看来，图表可能被赋予太多的权威。我们原本对自己说得好好的，"是的，我们可以使用这些图表，但得知道仅仅有它是不够的"，可是当"图表走进房间的那一刻，它就有了发言权"，我们反而失去了自己的观点。后果是，我们可能会打压不同的声音，甚至更糟，于是这些图表的作用不再是启发和校准，而是说服。贝特森指出了 CDD 可能产生的一个非预期结果，但我认为这一点可以通过认知得以规避，或者通过会议讨论的方式弱化，正如贝特森所说，会议可以"松散地"举行，从而适应不断变化的环境。

人工智能和机器学习

我在第二章中简要提及了机器学习技术怎样用于 CDD 当中，本节要讲的是机器学习模型是怎样创建的。

假设你想开发一个新的应用程序,用它把狗狗的语言翻译成英语。这个应用程序的基本设想是你把手机对着你的狗狗,它就能翻译出狗狗想要表达的信息,"我饿了"或者"我觉得很焦虑"等。今天,成千上万只宠物被安乐死,就是因为主人理解不了它们,更没法给予它们需要的帮助。这样的应用程序极富开创性,它把人类与自然世界连接起来,将会产生深远的影响。事实上,当我写下这些话时,我的内心深感荣幸,因为已经有团队致力于开发这类应用程序并已处于早期研发阶段,而我就是其中一员,希望我们能将这一切变为现实。

或者想象你是一位城市的管理者,你或许想要知道,该花多少钱向社会公众宣传环保理念,才能有效减少街上的垃圾,以及减少这些垃圾可以在多大程度上降低城市犯罪率。

今天,因为有机器学习这一人工智能领域的重要子领域,建立上述两个软件系统均非难事。这些技术乍听上去似乎很复杂,但转念想想,微波炉背后的技术也不简单,但我们中的很多人照样还是天天用它加热饭菜。就像我们教一个孩子如何使用微波炉一样("打开门""把食物放进去"),你也完全可以掌握人工智能的基础知识。如今,人工智能技术日益普及,推动我们身边几乎所有事物的发展,从谷歌广告到影响你选票的假新闻。因此,了解这项技术对每个人来说都很有必要。在不远的将来,你甚至会拥有属于自己的人工智能系统,它将帮助你完成各种各样的任务,从购买一辆新车到选择投票的对象,从决定上哪所大学到收购哪家公司,它们都是今天的互联网试图操纵你的领域。毫不夸张地说,"人人有 AI"的运动才刚刚开始。

本书的主旨是统一对决策智能的认识，在此意义上，"跳出盒子"理解人工智能就显得更加重要（我在第一章中就介绍了在盒子内外思考的区别）。经济学、社会学、复杂系统学以及许多其他领域的专家或许永远都不明白人工智能的内部原理，但这并不妨碍他们将其作为决策智能基础结构的一部分，来有效解决我们共同面对的"邪恶问题"。而且，好消息是，"跳出人工智能的盒子"非常简单。下面我将详细展开这一点。

人工智能的寒冬和盛夏

美国国防部高级研究计划局投资 20 亿美元开展"下一代人工智能"计划，中国政府也计划投资万亿美元发展人工智能，仅仅这两个国家的举措即有望将人工智能的市场规模在 2030 年前快速扩大到万亿美元级别。人工智能被视为一项快速发展且极具颠覆性的技术。比尔·盖茨曾说："如果你在人工智能领域实现一个突破，让机器能自主学习……这项成就堪称创办 10 个微软。"美国前总统巴拉克·奥巴马也曾表示："人工智能有望创造出生产率和效率奇高的经济。"

不管是好是坏，人工智能已经走上了大规模应用的道路。

人工智能的成功主要归功于近半个世纪的努力——继 20 世纪 70 到 80 年代的"高温期"之后，人工智能领域经历了两个"寒冬期"。在这接连的寒冬当中，人工智能的发展并不像外界宣传的那样顺利，除了几项著名的应用，比如已经应用了几十年的乳腺癌筛查和信用卡欺诈检测，该领域取得的新成绩十分寥寥。直到 2010 年左右，人工智能技术才获得了一些实质性的进展，进而从比尔·盖茨等人那里拿到一个合理的报价。

在漫长的孕育过程中，人工智能领域经历了一系列的变化。早期主要致力于开发计算机的逻辑推理能力，核心元素是规则和事实，比如"所有的大象都是灰色的"和"哈罗德是一头大象"，从而得出"哈罗德是灰色的"这一结论。

最近，人工智能的另一阵营开始受到关注，也是迄今最为成功、被称为"次符号化"人工智能。这一阵营的想法是，将一个简化的脑细胞模型，即神经元，作为人工智能系统的基础元素。如今大多数的人工智能系统使用的都是这个模型，而它们中间很大部分就是机器学习系统。

人工智能的内核

机器学习的原理是编写一些让计算机从示例当中学习的程序。与编写软件不同，像我这样的机器学习编程员要使用大量数据来"教"计算机。这些数据给出我们希望计算机处理的输入类型的示例，以及每个示例的"正确答案"。

图31是一个简单的例子，我们想根据鸟的体型特征预测它是否会吃鱼。从图中可以看出，表的每一行都包含两个部分：输入和输出。输入部分包括鸟的各种特征：4英寸的喙、3英寸的腿、白色的头部、1.5英寸的脚趾、棕色的眼睛，等等。输出部分是这只鸟是否吃鱼，答案分为"是"或"否"。

输入					输出
喙长	腿长	头部颜色	脚趾长	眼睛颜色	是否吃鱼？
4	3	白色	1.5	棕色	是
2	1	绿色	4	红	否

现在，是最精彩的部分：

图 31：机器学习训练数据的简单案例

机器学习软件采用图 31 的表格作为输入，并生成一个学习模型以获取数据显示的模式。在这个例子中，该模式将鸟的特征与它是否吃鱼的可能性联系起来。这个模型就是机器学习系统的人工"大脑"。

图 32 所示的模式构成了今天绝大多数机器学习系统的基础。亚马逊会根据受过图书销售培训的模型，选择向你推荐哪些书。Facebook 能够识别一张照片中你的面部位置，是因为有其他许多人标记的面部图像作为它的训练数据。在这一系统中，图 31 所示的训练数据示意图中每一行对应的就变成一张标记了人脸的图像。

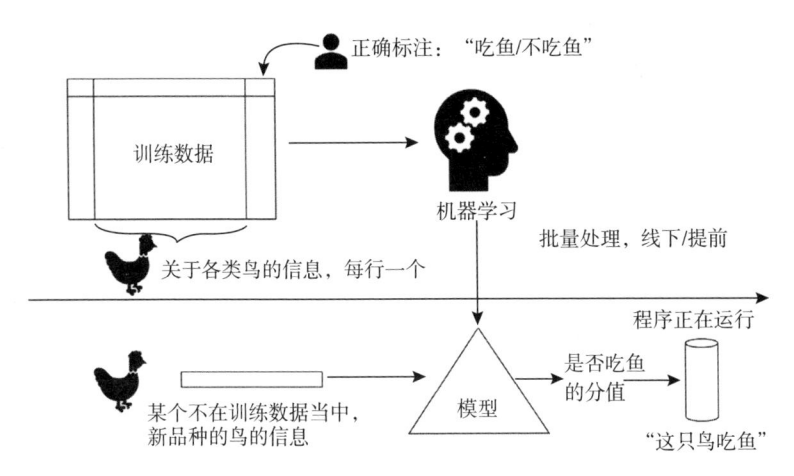

图 32：大多数机器学习 / 人工智能系统的工作原理图

信用卡欺诈检测系统的训练数据是欺诈与非欺诈情况的历史数据,从而生成一个反映特定交易存在欺诈风险的分值。

观点31:机器学习系统"盒子之外"的原理很容易理解:你创建一组训练数据,每一行分别列出输入和输出,从而建立起一个预测模型。

在"盒子内部",计算机正在快速识别各种不同的模式。在图31的例子中,计算机可能会意识到,如果一只鸟的腿超过1英寸长,喙超过3英寸长,那么它一般会吃鱼。然后,它将这种关系构建到模型当中。许多机器学习模型的训练数据有成千上万条,多到人类根本找不到其中细微的模式来区分不同类型的目标字段。[①]

这种系统的适用性非常广泛。几年前,我就建立了一个这样的模型,用来分析DNA的模式,并根据其包含核糖体结合位的可能性,对基因链上的不同位置进行评分。后来,我参与了美国能源部的一个项目,该项目利用探地雷达和其他传感器的数据来寻找埋在地下的危险废弃物。我还按照上述模式,为科罗拉多调查局建了一个系统,该系统可以在犯罪现场发现的头发图片和嫌疑人的头发图片之间生成一个"匹配分数值"。总的来说,我已经遵循上述模式创建了几百个不同的模型,我的朋友和同事们创建的这类模型更是有数千之多。

[①] 《学会学习》一书中我的联合作者塞巴斯蒂安·特伦曾制作过一条很棒的视频。凯蒂·马洛尼也将此监督机器学习的核心付诸实践。

机器学习的本质是通过查看示例来编写计算机程序，它让软件解决复杂问题变得更加容易，还能解决如人脸识别和书籍推荐等以前无法解决的问题。这是因为，计算机有能力做到人类做不到的事情——在数百万甚至上亿的例子中（即训练数据中的行）发现人类发现不了的微妙规律。

超越监督学习：人工智能的更大图景

图 32 所示的模式应该能占到今天应用程序的 80%，但人工智能还不止于此。目前普遍的架构叫作"监督学习"，因为目标字段（译者注：也叫正确标注，英文为 ground truth）就像一位"监督者"，告诉系统对每一行数据对应的正确回答是什么。

观点 32：如果你想了解当下使用最为广泛的人工智能形式，那就关注监督学习吧。

人工智能还有一些别的类型如下：
• 自然语言处理（NLP）。开发用来理解文本的人工智能是一个非常重要且快速发展的子领域。我预计，在未来一年到一年半时间里，自然语言处理将变得和监督学习一样重要。

使用最广泛的自然语言处理模型一般用来做文本分类和文本匹配。文本分类系统对文本集进行评分，以反映它们表示特定类别的程度。例如，系统可能将一条 Twitter 消息作为输入，然后产生一个"幸福分数"，或者将一条 Facebook 消息作为输入，然后产生一个"对购买某件东西感兴趣"的分数。至于文本匹配，有一个很好的例子，系统将一个人的简历作为输入，就能生成一个表现他与某份工作匹配度的分数。

如今，每天在线产生的文本数量呈爆炸式增长，自然语言处理应用程序变得日益重要，它将会像监督学习一样得到大范围应用。

• 无监督学习。这里，训练数据中没有目标字段，只有输入端。它所产生的模型用于两个目的，一是作为后来的监督学习过程的输入（有时获取正确标注的成本很高，因此预训练就显得很有用处），二是检测输入到模型中的内容是否异常，主要看它是否不同于其他训练数据的样本。

• 专家系统。通过专家系统软件，你可以获取一些专业领域的知识，不管是关于诊断疾病还是向电信企业销售。它们建立在逻辑基础之上，而逻辑一直被认为是专业知识的象征。专家系统是20世纪80年代中期人工智能大热的重要驱动，也促使当时的日本向第五代人工智能计划投入8.5亿美元，美国连续20年每年向CYC项目投入1亿美元，英国向Alvey项目投入3.5亿英镑。

• 强化学习（RL）。人工智能从研究跨越到应用的最新类别是强化学习算法。强化学习使用与环境产生交互的智能体，在一段时间内达到回报最大化。比如，Prowler是一家决策智能公司，它利用强化学习进行物流管理。系统创建了多个可能的未来模型，每个模型都有不同的资源需求。

对Prowler来说，智能体扮演的可能是皮卡、送货卡车、出租车或顺风车。通过强化学习系统进行仿真，在此过程中，智能体通过一次次成功或失败的任务积累经验。通过强化学习的方法，智能体能够调整其行为策略，让自己在随后的模拟运行中更容易获得成功。

不同类型人工智能的关系

经常有人问我："人工智能、机器学习和深度学习之间到底有什么区别？还有，到底有机器人末日吗？"图 33 是我的答案。

图 33：不同类型人工智能之间的关系

从盒子外面来到内部，"强人工智能"也被称作"通用人工智能"，用科幻电影里的形象来说明，就是《2001 太空漫游》里的哈尔和《她》里的机器人女友。虽然科幻小说很青睐强人工智能，但大多数专业研究人员都认为，我们距离强人工智能还有很长的路要走。

观点 33：如果说强人工智能有什么危险的话，那就是它分散了人类的注意力，使我们无法专注于真正重要而艰巨的问题，而这些问题在今天，本来是可以通过专家携手合作，再加上人工智能技术的帮助得以解决的。

目前绝大多数的人工智能还是"专业的"，意思是它只能解决一些特定的问题。这些系统中的大多数使用的是机器学习技术，其中最成功的是深度学习技术。有些机器学习技术不是深度学习，比如我非常喜欢的 CART 这样的决策树学习方法（译者注：CART, Classification and regression tree, 是一种应用广泛的决策树学习方法）；有些人工智能系统也不是学习系统，比如很多自然语言处理系统。

决策模型非决策树

有些人将 CDD 与另一种称为"决策树"的技术相混淆。决策树是一种图表或模型，告诉你在不同的情况或场景下应该做出的正确决策。它逐一过滤各种外部因素，指向多种因素组合的最佳决策。

举个例子，决策树可以告诉你如何去诊断一个病人。首先，测量病人的血压。然后，如果血压高，就进行血液测试，如果血压低，就做一个倾斜试验，诸如此类。总之，决策树是关于如何找到问题答案的小型展示，例如"这个病人得的是什么病"。

简言之，决策模型的作用是帮助你在多个场景中确定最佳操作，而决策树则是记录下这些操作步骤。

另一种使用决策树的方式是"决策树学习方法"，就是像前面说的那样，将训练数据作为输入，生成一个模型作为输出。该模型一旦建立，就能接受输入数据，进行预测或标记。从这个层面上说，决策树学习的输入和输出与深度学习是一样的。不同之处在于，决策树对有些问题反映的准确性没有那么高，但它最大的优点是更易于理解。

因果推理

> 逻辑是因果关系的拙劣模型。
>
> ——格雷戈里·贝特森

决策智能之所以成为一个新兴领域，可以追溯到科学史上一个奇怪的空白。我们都知道，关上车门并不能使它开出车库；我们也知道，将车倒出来后再踩油门才是让车发动的原因。然而很长一段时间以来，科学界都没有一个正式的说法来区分这两种情况，实际上，前者是经常一起发生的动作或事件，或者称之为"相关性"，而后者才是因果关系。

因果关系正是我们要在 CDD 中创建链接的理由。

图灵奖得主朱迪亚·珀尔在他 2018 年出版的重磅著作《为什么》一书中，向广大读者介绍了一种新的因果推理公式。作为一名人工智能专家，珀尔同样致力于推动决策智能，他认为缺乏多链因果结构是当前人工智能最根本的局限性。

简单地说，因果推理就是理解是什么事情导致了世界上其他事情的发生。有些因果关系是我们每天直接观察到的，比如踩油门车就会跑。可是，当因果关系的证据隐藏在海量的大数据中时，理解它们就没那么简单了。如果两件事情都发生了，而且是接连发生的，是否其中一件引发了另一件？我们如何使用数据区分出关车门的声音和踩踏油门的动作，哪一个才是使车发动的原因？一旦做出某个决定，我们如何才能不失真地获取到其他知识？

回答这些问题超出了本书的范围，但即使不了解这些理论，仅在构建 CDD 的道路上，我们也能走得很远。简单描绘出我们对因果关系常识性理解的交织图，已经算是向前迈出的一大步。你可能会说，不应该让艰涩的因果关系理论横亘在我们的思考和讨论当中，某些时候确实如此，但这也可能是危险的。因此，决策智能的一个重要方向就是，让艰涩的因果关系理论也能为非技术人员所理解和使用。

与此同时，探究 CDD 中每一个链接究竟是因果还是仅仅为相关性，对我们大有帮助。这个时候，我们通常要花一些时间，往上游去寻找能够同时导致这两个相关因素的原因。举个例子，我们观察到爱吃早餐的人普遍更健康，因而我们可能得出结论说吃早餐有利健康，如图 34 左侧所示。然而，也有可能像图 34 右侧所表示的那样，有健康意识的人会同时爱吃早餐和更加健康，这就出现了对同一种现象的不同解释。

图 34：对"爱吃早餐的人更健康"的两种因果解释

因果推理的边界比决策智能更加广泛，因为它还涉及不以某个决定开始却导致某个结果的因果关系，比如癌细胞或核反应堆等。未来，决策智能和因果推理将会从根本上相互作用，因果推理能为创建更好的决策智能模型提供机制，决策智能则有助于因果推理的普及，而不再局限于专业的决策者手中。

《纽约时报》引用 Facebook 首席人工智能科学家杨立昆的话说，因果推理是未来人工智能发展的重要方面，同时还能辅助决策。正如《纽约时报》的一篇文章中所描述的那样，驾驭世界需要掌握的四项能力是：

对周围世界的感知和分类；

对事物之间联系的情境化分析；

对因果关系的预测和理解；

根据内外部因素进行规划和决策。

文章指出，人工智能在上述第 1 项中已经达到甚至超过了人类，但在第 2 至 4 项还远未接近人类的水平，而这后三项正是决策智能的核心支柱。

控制论

很多从事人工智能和决策智能的人或许会觉得，在这里谈控制论太离题了。在我攻读人工智能专业硕士和博士学位的七年时间里，从没有人跟我提起过控制论。但实际上，控制论与本书的主题有着深刻的联系，甚至可能是联系最为密切的领域。控制论的历史可以追溯到许多年前，就像一棵树的主干，当今许多高新科技都是从它这里开枝散叶的。

1948年，诺伯特·维纳将控制论定义为"对动物和机器进行控制与交流的科学研究"。控制论研究因果系统，关注系统内部的正负反馈循环，包括自然的和人为的。如今，控制论的概念已经融入了生物学、机器人技术等领域。

早期控制论研究了计算机和人之间的交互作用，并将其引入人机交互（HCI）和人体工程学等领域。在人工智能有名字之前，控制论就是人工智能。

认知科学的起源可以追溯到控制论。基于现代神经网络的机器学习同样源于控制论，早期论文如1943年沃伦·麦克洛克和沃尔特·皮兹发表的《神经活动内在思想的逻辑演算》即为例证。

今天，英语中"cyber"这个前缀在流行文化中依然存在（译者注：诺伯特·维纳使用Cybernetics指代控制论，后来cyber作为前缀，表示与互联网相关或用计算机控制的事物）。2018年，英国控制论学会庆祝成立50周年。然而，尽管许多现代学科都流淌着控制论的基因，该领域本身却并未得到充分的发展。正如彼得·阿萨罗所说：

20世纪70年代，虽然控制论的影响仍广泛存在，但它作为一个自成一体的科学领域正逐渐消失。控制论的概念和理论继续发展，以各种形式重新组合，包括自组织系统、动力系统、复杂/混沌/非线性系统、通信理论、运筹学、认知科学、人工智能、人工生命、机器人、人机交互、多智能体系统和人工神经网络。

从这个角度来说，本书可被视为将四分五裂的控制论重新凝聚起来的尝试之一。

复杂系统 / 复杂性理论 / 复杂性科学

前面讲述了因果模拟、系统动力学、系统思考和热数据，复杂系统和这些概念紧密相关，且有一定重叠之处。一般来说，如果一个系统只有在运行时才能推测它接下来发生什么，那么这个系统就被认为是复杂的。复杂系统会表现出自组织、非线性、反馈循环、涌现等行为。从社交网络到经济学，再到森林中树木的相互作用，复杂系统在许多领域内都很常见。

复杂性理论专家戴夫·斯诺登在他提出的 Cynefin 框架中，区分了简单、繁杂、混乱、复杂四种情况。在他那里，"简单"和"繁杂"的决策是可重复的解决方案。"混乱"的情况过于紧急，根本没有时间进行本书所讲述的分析过程。"复杂"的领域才是我们解决"邪恶问题"的用武之地：在这些领域，我们有一些时间进行冷静的思考，但是涌现的、非线性的，以及其他非直觉的行为仍占主导地位，这也是决策智能最能发挥作用的地方。

复杂性科学是一门作用很广的学科，既能帮助模拟决策的各个元素，也可以作为一个整体来理解决策过程中的涌现行为，因此具有很大参考价值。

模拟、优化、远见和运筹学

> 我很喜欢决策智能将"飞行模拟器"功能引入商业世界的理念。我是个蹩脚的飞行员,希望自己在做商业领袖方面能做得更好一点。但如果我一再频繁地搞砸我的生意,就像在微软飞行模拟器上一次次撞毁我的飞机那样,那我也就没生意可做了。
>
> ——吉姆·卡萨特(创业导师、连续创业者)

截至目前,我已经介绍了 CDD 作为一种协同机制,围绕一个共同的思维模型将多个利益相关方整合起来。在前一节中,我进一步展示了 CDD 如何发挥框架性作用,让机器学习模型置于组织决策的最佳位置。

接下来,我们将探讨如何根据这个模型建立软件,进而模拟决策带来的影响。

从模拟到优化

从决策智能的角度来看,模拟是试验各种决策杠杆以了解其结果的过程。

仍以第二章的沃德银行为例,当银行决策团队对 CDD 的结构达成共识之后,接下来就要使用计算机来试验各种决策杠杆,看看它们如何影响结果。这里,正向决策模型是向后运行的,如图 35 所示。

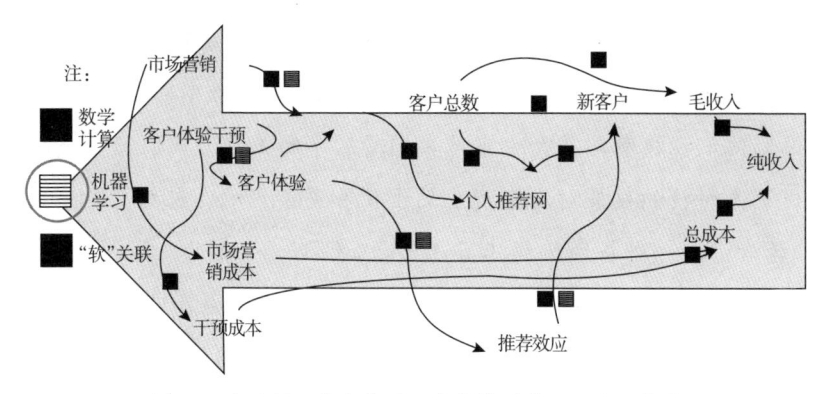

图 35：为了展示优化效果，决策模型使用了向后箭头

一旦我们知道了杠杆是怎么产生结果的，计算机就可以自动试验各种不同的设置，然后找到最佳组合。最合适的定价是多少？应该在哪里生产新设备？为将风险降至最低，应该给谁贷款？我应该为哪一部分员工提供什么样的培训？我的慈善捐款捐到哪里能够产生最佳效应？诸如此类的无数决策都受数据的影响，但我们在向一个完整的优化解决方案前进的路上，通常只能先迈出其中一步。上面介绍的方法同样如此。①

远见

在今天这样一个快速变化的世界里，预见未来的本领将很快位列个人及公共机构必备战略能力之首。

希拉·罗尼思与利昂·富尔特共同指导了洛克菲勒兄弟基金会旗下的"远见与民主计划"。希拉认为：

---

① 你可以观看一段关于这个话题的视频。

建立健全的公共政策需要民主对话，远见能给对话带来洞察力和创造力。我们从更广大的社会范围内召集代表不同群体的人，鼓励他们积极参与并大力宣传我们所从事的工作。我们将在一起讨论高科技的发展对社会产生的干扰和复杂影响，包括CRISPR（译者注：一种基因编辑工具）、人工智能、人类世、基因工程、精神控制等。我们认为，所有这些科学技术的发展，在进行规划时，务必要同时考虑它们可能造成的负面影响。

像希拉参与的这类组织正在全球范围内以很快的速度不断涌现，另一个例子是总部位于佛罗里达州奥兰多的Kedge Futures，他们发起了一个叫作"驶向明天"的计划。这一计划的宗旨是"赋能组织和个人，抓住机会，实现抱负，不管是面对短期还是长期的机会，都将其转化为你今天需要的行动和结果"。本书第五章还会具体介绍这一计划。

运筹学

运筹学，也称运筹研究或管理科学，是一门起源于第二次世界大战期间的学科。通过运筹学，先进的分析技术被应用到多个极具价值的用例当中，"真正带来改变的不是理论中的数学，而是现实世界中的数学"。新建的机场如何处理长长的行李箱队列，如何安排出租车的停放位置好减少乘客等待的时间，对于这些问题的决策通常会产生重大影响，需要大量的数学分析，它们都能通过运筹学得到解答。

运筹学和决策智能有什么区别呢？运筹学之于决策智能，就像商业计算之于个人计算革命。决策智能代表一种走向大众化的趋势，使用先进技术服务于新的案例，包括广泛应用的模拟、优化等运筹学技术；相较而言，运筹学是往纵深的方向发展，不断更新决策工程理念，主要用于解决物流或路线规划等传统问题。与之相类似的是最近几年爆发的3D打印，也是为应对数十年来机器过于昂贵的问题所做出的技术调整。

未来，运筹学和决策智能仍要互通有无，因为决策智能提供了一种机制，能让好的、经过充分验证的运筹学技术得到更广泛的应用，同时在运筹学和深度学习、专家系统等补充技术之间架起一座桥梁。

举个例子，瑞安·奥尼尔供职于一家有名的送餐服务公司，他的核心技术就来源于早期的决策智能从业经验。奥尼尔以前是MITRE公司的运筹分析师，他注意到，良好的定量模拟和软件交付生产所需的技能之间存在一定的差距。对此，奥尼尔提出的解决方案是交叉培训和交叉招聘，即要求金融工程师也必须了解软件生产。"我并不指望员工在刚被聘用时就具备这些技能，但我会在接下来的时间里向他们教授这些技能。它就像一个巨大的能量倍增器，能够激发出员工更多更好的创意。"奥尼尔如是说。

作为一名博士研究员，奥尼尔目前制定了"混合优化"策略，旨在将多种技术结合起来解决业务问题。这一策略为他的雇主和合作餐馆创造了不菲的经济价值。接下来，他希望结合在线随机组合优化（OSCO）的技术，管理迅速变化的交付场景信息，通过不断改变系统决策来适应接连发生的变化。

从事决策模拟的其他团队

还有许多团队采用和我们不一样的方式进行决策模拟。以下是对其中一些项目的简要概述,你可以从本书及其他地方了解更多信息:

- 世界创造者。该团队聚焦于环境决策模拟,目标是"鼓励人们用电脑对世界进行模拟,包括水资源、天气、作物、土地使用政策等。建立的模型可以是局部的,也可以是全球的;可以只是一个简单的草图,也可以是一次成熟的模拟"。该团队的负责人安塞尔姆·胡克说:"我最大的愿望是让人们能用电脑模拟土地的使用,就像对城市的模拟一样。它本质上是一种以真实数据为基础的游戏,任何感兴趣的人都可以在其中尝试自己的想法,让人们之间的争论从纯粹的花言巧语转向公平的竞技场。要知道,政府和企业早已有了自己的一套理论模式,别人是没法玩弄的。"
- 硅谷 SIM 中心。该中心由硅谷和圣地亚哥 SIM 中心的一个联合团队发起,旨在支持面对面的、实时的决策智能协作。
- 复杂战略决策中心。该中心由沃尔什学院著名管理学教授希拉·罗尼斯博士创立,最近已迁至华盛顿特区。在最初形成阶段,它先在一个政府部门进行了试点,然后向前推进,其宗旨是帮助全体联邦工作人员处理复杂性问题。
- Quantellia 公司。该公司已经进行了一些决策模拟的实践,并通过 YouTube 视频和浏览器内的交互工具进行了展示,你可以登录这些网站自己体验一番。

D' 相互依赖和"打地鼠"游戏

> 在我的职业生涯中，创建高性能智能系统最成功的经验就是打破不同学科之间的交流障碍。
>
> ——瑞安·奥尼尔

斯坦利·麦克里斯特尔在他的开创性著作《团队中的团队》（译者注：斯坦利·麦克里斯特尔，前驻阿富汗美军和北约国际安全援助部队最高指挥官，该书中译本的译名为《赋能：打造应对不确定性的敏捷团队》）一书中如是说，为了在特殊的战场环境中获胜，他必须彻底改变以往的习惯做法。在他看来，每支军队各自的表现都做到了极致，却忽略了队伍与队伍之间的接口。"不管个别队伍的效率有多高，"麦克里斯特尔在书中写道，"都会被接口失败的后果所抵消"。他所说的就是团队之间的链接。

就像麦克里斯特尔所形容的那样，"特遣部队的领导层在玩'打地鼠'游戏"。这个游戏在美国的嘉年华上很受欢迎，玩家需要等地鼠从洞里跳出来，然后在它缩回洞里之前用锤子打它一把。桌子下面有一个隐藏的机关，它决定了下面出现的是哪一只地鼠。在这个游戏里，单个团队常常能很好地完成自己被分配的任务，但由于不能及时准确地感知其他团队的动向而最终失败。

我曾经采访的一位首席信息官告诉我："公司的每一个部门都在制定 KPI，但整个公司却在走下坡路。"同样，这个问题本质上也是"打地鼠"。多年来，各个组织通过成立不同的部门来解决复杂性问题，可对部门之间的关系给予的关注过少。

例如，在电信公司的呼叫中心看来，在与客户沟通为他解决问题时，花的时间越少越好。单从呼叫中心内部来看，这确实不假，因为花的时间越少，就意味着成本越低。但是，从整个电信公司的角度出发，这可能是个糟糕的想法：如果你在一个有价值的客户身上花更多时间，他就越有可能向他的朋友推荐你，选择你的竞争对手的可能性就越低，在社交媒体上给你好评的动力就越大（最后一点正变得越来越重要）。

巴克敏斯特·富勒在他的许多著作中都强调了从专业化到跨专业整合的必要性：

我们这个时代，专业分工越来越细，这一趋势被认为是合乎逻辑、自然而然甚至是值得鼓励的。然而，最新的科学发现证明，所有已知的生物灭绝都是由于过度专业化引起的，因为集中于某些特定的基因而牺牲了普遍的适应性。专业化使得个体倍感孤立、无用和困惑，并把思考和社会行动的责任留给他人。专业化滋生偏见，最终导致国际间意识形态的不和谐，甚至引发战争。（这是作者着重强调的观点。）

乔·布鲁尔最近把家搬到了哥斯达黎加，一个受系统性思维启发建设的可持续发展社区，他对此有着十分清晰的认识：

我们很容易被复杂性这个庞然大物吓到：如果要将一切都联系到一起，那我应该在哪里、怎样介入呢？整件事情对我来说岂不是太大了吗？但这正是万物彼此依赖的美妙之处，只要你拉对了绳子，就算它已经磨损破旧，整个地毯也会在你面前瞬间解开。

乔希·凯贝尔，美国国家情报总监办公室的一位分析师，从他理解复杂的外交政策动态角度出发，也印证了这一点：

线性简化方法在理解非线性系统方面可发挥的作用很小。对这些系统而言，整体的行为并不必然等于各部分之和。它所缺少的是一种互补而非替代的方法，是一种基于发展眼光、更广阔、更大图景的视角。诺贝尔奖获得者、物理学家穆雷·盖尔曼将其称为"面向整体的概览"，简言之，"综合"。

那么，这在实践中意味着什么呢？如果你在一家大型企业工作，并试图优化该企业的决策，那么，成本较低、收益较高的宝贵机会极有可能存在于跨部门的决策当中。如果你是一位社区活动家，或是在为某项个人事务寻找解决方案，你最好的答案或许是通过与其他团队合作找到的。

在这两种情况下，打造一幅可共享的地图，将碎片组合成一个整体，聚焦你要做出的决定，这是我们成功迈出第一步，避免迷失在事实、经验以及其他对决策无关紧要的事物当中的最好办法。这就是 CDD 或与之相类似的事物称得上是 21 世纪最重要的工具之一的原因。

回头看看图 30，和其他点有所区别的是第 5 点，说的是决策的能力。对此我们的理解是，一旦某个决策做出，它会通过事物间的相互依赖关系影响其他每一项挑战甚至整个地球,直至影响未来世界。我们必须清楚地知道,因果链是怎样随着外部环境的变化而蜿蜒演进的。在一场复杂性的宴会当中,我们必须不断做出和更新我们的决策。

这是全球正在出现的越来越多的模拟机构(如前所述)的共识,也是我要阐述的下一个重要观点。

观点34:我们面临的问题越来越要求我们理解事物间相互依赖的关系,突破信息和观点"烟囱",加以重新组合。

系统动力学、系统分析和系统思维

世界上的主要问题是由自然运作和人类思考模式间的差异造成的。

——格雷戈里·贝特森

为什么我们常用的手机操作系统只有苹果和安卓?为什么电脑操作系统只有苹果和微软?为什么这么多人使用谷歌,而不是别的搜索引擎?"暗箱"里究竟发生了什么,导致市场原本有许多供应商,现在却仅存规模较大的几家?

诸如此类的问题可以在系统动力学里找到答案。该领域从麻省理工学院的杰伊·福里斯特、罗伯特·麦克纳马拉和美国国防部的"神童"们开辟至今,已经有了很长的历史。

虽然系统动力学具有强大的功能和不容低估的地位，但近些年来它受到的关注远不及大数据。根据谷歌数据显示，自2004年以来，系统动力学（以及后面要介绍的复杂系统）的谷歌搜索量远低于人工智能、大数据和机器学习等关键词。

简言之，系统动力学是由对因果链的理解构成的，尤其是对反馈循环效应的理解。例如，作为搜索引擎，谷歌刚一开始可能只比 Alta Vista 稍好一点，但它的成功是以雪球效应逐渐累积起来的。又比如，一个国家的军事升级可能导致另一个国家的军事升级，如图36所示。

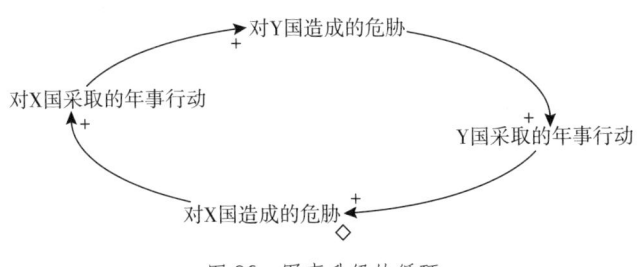

图36：军事升级的循环

毫不夸张地说，半个多世纪以来，我们已经"迷失"在数据中。只关注数据，就像试图通过研究大象的脚印和它们留下的证据来了解大象一样。要了解大象本身，了解它的动机、想法和生理机能，才能产生更多有价值的洞见。

在今天的大数据热之前，人们更加关注系统的重要性，并因此诞生了系统动力学（由杰伊·福里斯特发起，系统动力学协会持续推广）、系统分析（通常追溯到罗伯特·麦克纳马拉）、系统性思考（通常追溯到罗素·阿科夫和格雷戈里·贝特森）等重要学科。①

史蒂夫·布兰特曾与阿科夫共同做过研究，和我一样，他也是位试图重新整合这些领域的"网络复活者"。他曾在2017年写道：

> 解决美国当前面临的教育、医疗、就业等各领域的危机并非没有可能。我们不仅能够解决，甚至能够完全化解这些问题。但如果继续走老路，像过去一样各行其是，成功就是天方夜谭。我们必须将这些问题置于更大的社会学背景下，重新设计解决方案。
>
> 这就是为什么我始终鼓励人们去研究已逝的罗素·阿科夫博士投入毕生的工作，以及与他共事的其他系统思维理论家的思想。为了国家长期健康的发展，"我们人民"所能做的最重要的事莫过于重新定位我们解决问题的方式。

巴里·科特认为，系统性思维"是第九种智力""是所有智力中最稀缺的"。毋庸置疑，系统模式是理解自然世界和生态循环的核心。举个例子，在生态系统中增加狼的数量，就能控制鹿的数量，降低草地被啃食的严重程度，从而减轻河流的侵蚀。

系统动力学可以胜过数据

亚历克斯·塔巴尔洛克在《哈利·波特与不平等之谜》中写道，J.K.罗琳是历史上第一位赚10亿美元的作家，远远超过荷马、莎士比

---

① 马克·赞加里曾在一次演讲中将系统动力学和现代决策智能联系在一起。

亚和托尔金。虽然过去几年里作家的平均收入并没有大幅增加，但不平等程度正在加剧，他们中间赚得最多的那些人远远超过了中位数。我们生活在一个高度互联的社会中，差距日益拉大的原因就在于这个社会表现出的宣传反馈效应。经济学家、博弈论专家鲁思·费雪认为，这一现象适用于当今大多数娱乐产业（如果不是全部的话）。

赢家通吃的模式远远超出了写作行业，并有愈演愈烈之势。正如 Investopedia（译者注：一个关于投资方面的资讯百科平台）所解释的那样：

伴随着技术的发展，许多商业领域的竞争壁垒逐渐降低。赢家通吃最好的案例之一就是大型跨国公司的崛起，比如沃尔玛。过去，不同地区都有五花八门的本地商店，但是今天，更便利的交通、更发达的通信和信息技术解除了竞争限制。像沃尔玛这样的大公司能有效管理大量资源，获得远高于当地竞争对手的优势，几乎在它们进入的每一个细分市场中都占有很大的份额。

因此，要想了解并灵活掌握市场动态，仅有数据是远远不够的。我们需要知道哪些是最能影响决策的因素，我们称之为"超级杠杆"，会产生蝴蝶效应，让我们在输赢之间摇摆不定。和它们比起来，其他因素影响甚微。

市场赢家通吃效应只是反馈循环的一个例子而已。动态的"隐形引擎"藏身于许多系统当中，虽然它们比数据更强大，但人们对它们的重视和宣传程度还远远不够。

系统动力学在捕鱼行业的例子

法国深海渔民的事故发生率是所有行业中最高的。为了提高安全性，人们研究了多种情况下船队的航行决策，考虑因素包括天气情况、能见度，甚至每天的市场鱼价。研究结束时发现，模拟结果和现实情况高度吻合，结论由此得出：如果渔船配备先进的导航设备，显示其确切位置以及附近船只的位置，那么几乎可以杜绝碰撞事故。

起初，这个决策取得了绝对的成功，安装导航设备后，渔船碰撞率急剧下降。然而过了一段时间，碰撞率又开始回升，并最终超过了原来的水平。人们又进行了一次研究，这次是为了弄清楚究竟发生了什么。

调查的结果谁都没有想到——尽管渔船上的人知道自己能够直接避开碰撞风险，但同时也引发了因果链中的高阶效应，实际反而增加了碰撞事故发生的次数。

原来，对渔民来说，知道其他渔船的位置首先不是一个安全问题，而是一个盈利问题。有了新设备，他们不需要再花很多时间四处找鱼，直接航行到最好的捕鱼点就可以了。最好的捕鱼点在哪里呢？答案是电子防撞屏幕上"点"最集中的地方，每一个点就是一只渔船。意识到这一点之后，很多渔民觉得，让其他船只看到自己的位置等于在向竞争对手泄露重要信息，于是，他们关掉了雷达，灾难性的后果随之发生。于是，导航设备制造了一系列不仅没能阻止碰撞，反而使碰撞几乎成为不可避免的事件。

首先,"跟着点走"意味着现在渔船比以前离彼此更近。其次,船员们都认为技术会提醒他们潜在的危险,因此降低了警惕性。最后,潜伏在可见的"点"之间的渔船都处于"隐身模式",导航系统上看不见,其他渔船上的人不知道,直到发生碰撞时为时已晚。图37总结了这种为了降低风险产生的对因果链的错误认识。

图37:在缺少因果模型的情况下,旨在降低渔民风险的系统反而会意外增加船只碰撞事故的发生

①根据原模型预测,安装更好的定位导航系统将减少海上碰撞事故的发生。
②船上安装了精密雷达,就能精确显示船员及附近船只的位置。
③很快,渔民们意识到,将船开到很多渔船在的地方,就能直接找到最佳捕鱼点。
④因此,①导致渔船的密度增加,②鼓励更多的渔船关闭了雷达应答器,最终导致碰撞率超过了原有水平。

如图38所示,我们将这种容易产生误解的因果模式称为"龙虾爪"模式,这里存在着系统性的错误。图39剖析了该模式的问题所在。

观点35:对短期、近处采取的优化措施,可能会导致对长期、远处完全不同、意想不到的结果。

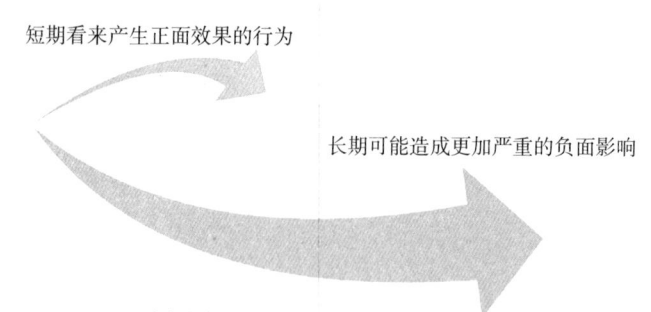

图38："龙虾爪"因果模式：对长期、远处产生的影响往往与对短期、近处产生的影响截然不同

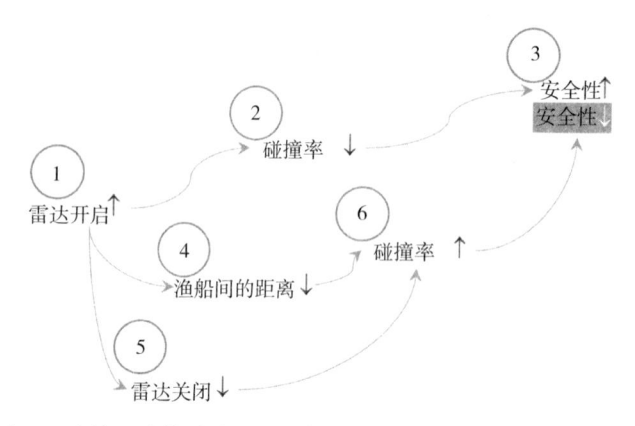

图39：定性因果模型说明了安装设备反而使捕鱼事故增加的原因

一旦开始注意，你会发现这种容易导致非预期结果的"龙虾爪"模式无处不在。

如图39所示，对于渔民们来说，事情是这样的：安装雷达系统（1）理应只产生一种结果，那就是减少碰撞（2），也即意味着安全性的提升（3）。但是意料之外的结果发生了，越来越多的人利用别的渔船打探鱼群的下落，导致船只越离越近（4）。当某只渔船找到鱼后，它就倾向于关闭雷达（5），因此碰撞事故发生了（6），因此抵消甚至超过了其提高安全性的正面影响。

如果雷达设计人员花上哪怕几分钟时间进行决策智能演习，对安装雷达可能产生的影响进行头脑风暴，将图39绘制出来，就完全可能避免这一决策带来的不必要风险和下游负面影响。这一点值得反复重申。

观点36：在一个复杂环境中进行决策时，共同坐下来花时间画出决策的预期下游影响会带来巨大的好处。

观点37：即使只凭借该行业人员的专业知识，画一个简单的、没有收集任何数据的定性图表，同样大有益处。

多年来，我已经帮助几十个客户完成了这一过程。当团队中每个人的智慧共同汇集成一张连贯的图表时，总会出现我前边所描述的那个"啊哈"时刻。

这令我们再次想起"盲人摸象"的典故。四个盲人走近一头大象，第一个人摸着大象的鼻子说，"好大的一条蛇"；第二个人摸着大象的腿说，"好结实的一棵树"；第三个人摸着大象的尾巴说，"这条绳子不错"；第四个人摸着大象的耳朵说，"这个是做斗篷的好材料"。大象就像一种极其复杂的情况，在这个典故里，没有人理解"全景"。所以，花时间共同绘制系统图，像图39那样，是非常有价值的。当你的决策涉众意识到自己正在触及同一头"大象"的不同部分时，他们会迸发出强大而充满变革性的直觉和协作能力。

至弱环节

战略远见专家希拉·罗尼斯博士说:"一个系统最薄弱的一环决定了它的上限。系统分析的目标之一就是找到这些至弱环节,因为它们通常是最难控制的。"

W. 爱德华兹·戴明同样强调系统分析的重要性,他与罗尼斯一起工作过,并曾写信给她说:

> 重要的是,我们不得不承认,人们经常做出错误的决策。哪怕手握全世界所有的数据,也拿它做不了什么……人们经常出于政治原因,做出非常错误的决定。可以说,面对复杂问题,我们必须要做的就是,模拟它,理解它。

关于在管理科学中使用系统分析的文献材料数不胜数,但根据我的经验,这一观点还没有进入许多高级经理的头脑当中。我在世界范围内与许多管理人员共事或采访过他们,在他们看来,系统分析既不是一门学科,也不包含什么核心概念,哪怕系统分析的方法为他们解决难题提供深刻启发,他们仍旧不以为然。和其他学科一样,系统分析要跨越学术和实践之间的鸿沟,得到广泛应用,还存在一定的障碍。我希望本书能够为解决这个问题出一份力。图40展示了一幅还未实现过的历史图景,我们对数据和分析的过分痴迷意味着我们对系统分析和决策失去了兴趣。是时候回到这条正路上来了。

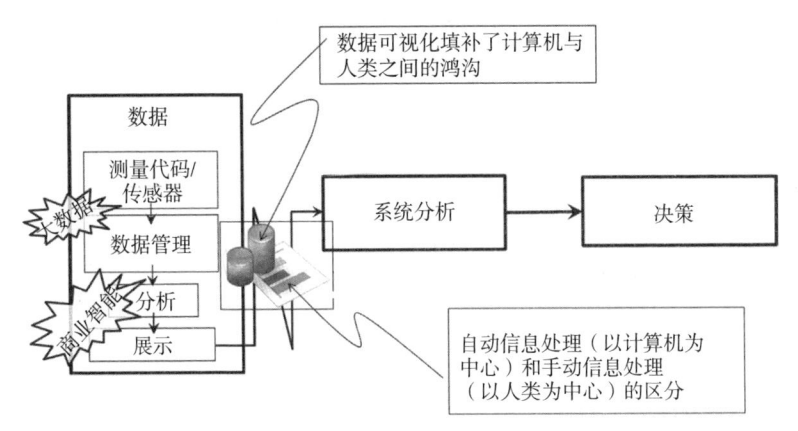

图 40：数据理应只是几门合作学科的一支。该图景还未实现过

迁移学习

每年的国际 ImageNet 挑战赛都会邀请世界各地的团队，比赛搭建用来快速准确识别图像的神经网络系统。2015 年比赛获胜的是微软团队，他们的表现不仅打败了其他竞争对手，甚至超过了人类在这项任务中的最佳历史表现。微软团队使用的技术之一就是我在 20 世纪 80 年代发明的迁移学习。

迁移学习的基本思想是，使用在一个任务上接受训练的机器学习模型，作为学习另一个任务的起点。因此，针对 ImageNet 的任务，微软研究员孙剑在比赛之前提前建立了一个图像识别网络。它能识别许多图像的共同特征，如直线、曲线、圆形和正方形等。因此，当向它展示比赛所用的图像时，它的竞争优势即刻显现出来,而其他系统使用的仅仅是赛场上提供的图像。

当我们搭建越来越复杂的人工智能系统,以执行多链决策模型中的某条单链任务时,迁移学习不可或缺。

增强智能

人工智能的未来是让机器充分了解我们,了解我们的优势和劣势,成为一个值得信任的盟友。

——查尔斯·戴维斯

(Element Data 首席信息官、联合创始人)

如图 41 所示,使用数据和分析的方式有两种,一种是完全自动的(左边),另一种是有人参与其中(右边)。两种情况都需要数据、分析和机器学习。典型的全自动机器学习系统可以回答这些问题:"我应该推送哪则广告?""我应该推荐哪本书?""我应该推荐哪部电影?"但有些问题需要我们对尚未发生的世界有深入充分的了解,此时,全自动系统就失灵了。因为它们回答不了这样的问题:"我应该投资哪家公司?""我的新产品应该有什么卖点?""要实现我的社会目标,最好的监管结构是怎样的?"

如图 42 所示,全自动化系统只能在一定情况下发挥作用,就是当智能系统仅充当顾问、与人类携手合作的情况下,而不能成为人类的替代者。然而,我们对人类和机器的融合系统并未给予

图 41：决策智能建立在数据和人工智能之上，同时将人纳入其中的用例

图 42：全自动系统只占全部人工智能应用案例很小的一部分

足够关注，在一些最重要的机器学习研讨会议上（如 NeurIPS、MLconf 等），也将全部的注意力放在自动化系统上。

正如人工智能和决策智能的先驱巴尼·佩尔指出的那样，人工智能系统的最佳自动化程度应该介于"没有"和"全部"之间，如图 43 所示。

奥浦诺管理咨询公司总裁阿纳博·古普塔曾说：

每当现状发生动荡，一些意想不到的事情就会发生，原来的

```
                    ↑
            解
            决
            方
            案
            的
            质
            量
                    └─────────────────────────→
                   全人工              全自动
```

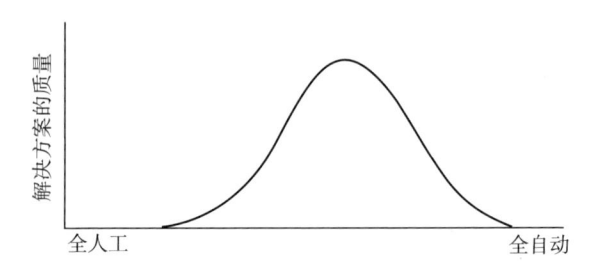

图43：理想的自动化水平不是"没有"或"全部"，而是介于两者之间

基本假定就会改变，机械方法将会失灵。华尔街2008年"闪电崩盘"和引发住房金融危机的抵押贷款市场动荡就是证明。

因此，未来人工智能帮助我们解决的绝大多数重要问题都需要人类的参与。要做到这一点，我们必须建立将人类专长与机器智能相结合的混合模型。

观点38：看待决策智能的一个角度就是，它是辅助人类与计算机一起，通过最大限度地减少"认知摩擦"，共同解决复杂性问题的实践。它的目标之一是让人们在使用计算机时不用掌握太多的必需知识，这一点可以通过广泛使用的原型心理模型与其记录方式CDD得以实现。

观点39：决策智能允许本质为前朝向的系统使用分段的、向后的数据或模型，从而整合我们最好的历史经验，降低无法有效响应异常灾难的"黑天鹅"事件的发生概率。

古普塔将人机结合的框架性原则阐述如下：

- 机器是人类思维的假肢。
- 计算机的介入是为了支持人类的思维过程，而不是相反。
- 人机结合的目的是提高人类各项事业的一线生产力。
- 最佳流程是将任务分解为两种，适合机器完成的任务和适合人类完成的任务。

瓦莱丽·朗多是增强智能的先行者，也是《恩格尔巴特假说》一书的第一作者。在她看来：

增强智能是硅谷技术的基因。因为当道格·恩格尔巴特最初为阿帕网（ARPAnet）提供资金时，他的核心思想是提高人类智力和集体智商。增强智能一路的发展基本上是默默无闻的，除了一些像UI先驱阿兰·凯这样的人物……UI的想法从施乐帕克研究中心开始，最终应用于苹果电脑和Windows操作系统，实际上也发端于将增强智能视为核心教义的道格。

决策分析

决策分析领域的发展历史已超过30年，涵盖正式处理重要决策的思想体系、方法论和专业实践。决策分析已被广泛使用于制药、能源、环境等各个领域，通常需要在极其复杂且不确定的情况下制定多个目标和决策。

决策分析和决策智能有相当多的共同之处，其中一点尤为突出——二者均为团队和领导者提供工具和技术，在复杂情况下确定和构建高价值的决策。相比于决策支持、商业智能和决策智能，决策分析不那么以技术和数据为中心，而前者常常超出了决策的范畴，为组织提供可以反复使用的工具。

斯坦福大学设有决策分析的研究生学位，"决策专业人员协会"（SDP）每年举行有几百人参加的会议，尽管如此，这一领域的发展远不如人工智能和机器学习。2019年SDP年会聚焦于数据分析和数据科学之间的联系，试图弥合这一差距。决策智能深谙人类决策团队最优秀的经验做法，和本书介绍的其他学科连接起来，将产生巨大潜力。

层次分析法和示意图

许多人使用层次分析法来认识因果关系的正确结构。例如，战略咨询公司惯用的"透明选择"，其核心就是层次分析法。

了解层次分析法和决策智能之间的关系，可参考图21，该图显示了一个人所发表文章的数量与他是否适合某项工作之间的潜在关系。根据图中所示，一个人如果没有发表过任何文章，那么他的匹配度为零，他发表的文章越多，就越适合这份工作，直到发表文章的数量上升到大约150篇。超过150篇后，发表更多文章就变成一种负担了。

那么，我们如何画出这个图形呢？层次分析法是由托马斯·萨蒂在20世纪70年代发明的，有了这项重要技术，在画出类似上面的那条曲线不是很容易的情况下，仍能被启发出相关知识。

层次分析法的核心是让决策者同时比较两个图表。比如，在一项研究活动中，同时有两张显示相同信息的数据图表，向病人解释癌症筛查可能造成的风险，现在，医生想知道哪张图表的效果更好。每个参与该调研的病人都会拿到这两张图表。继续假设，病人们给出的回复是："理解左边的图表比右边容易五倍。"这些信息反馈给层次分析法系统，就会给医生一个关于人群整体偏好的排序。这里，因果链接的左侧是该可视化图表的类型，右侧是更喜欢该图表的病人数量。如图 44 所示，层次分析法告诉我们如何从一侧到达另一侧。

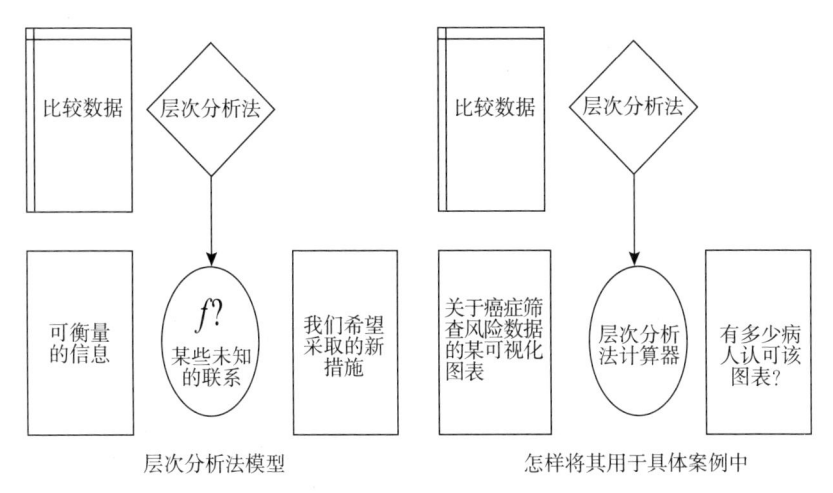

图 44：如何搭建一个层次分析链接

你可能注意到了该图与监督学习的相似性。在监督学习那里，学习系统创建模型使用的是案例，而在这里，层次分析系统使用的是比较数据。当我们身处"黑箱"之中，绘制示意图根本无从下手，这时候，层次分析法就会显现出其优越性。

D' 设计和设计思维

在制造一个复杂的物体，比如建筑物或汽车的时候，所谓设计就是让你在开始动工之前就看到它完成后的样子。建筑物的设计体现在蓝图里，汽车的设计体现在计算机辅助设计的模型中，电影的设计体现在分镜中。还有一些更为抽象的东西，比如软件。实际上，软件工程的一个重要突破就是在编写代码之前，遵循设计原则画出许多标准图，用以演示复杂的软件系统。正如我在第二章中所描述的，决策智能的许多功能来源于其他工程学科。

观点40：像其他工业产品一样，决策也能够被设计。

IDEO是世界上最著名的设计公司之一。它设计的产品既包括有形的物体，比如椅子，也包括无形的物体，比如政府政策。近年来，IDEO意识到"设计未来的发展方向是循环可持续"，地球资源总会有枯竭的那一天，塑料等采掘业将面临危机，也没有哪片海洋像一个永无止境的大水槽，能容忍人类源源不断地倾倒垃圾。相反，一个系统的输出必须成为下一个系统的输入，否则我们面临的只能是过度开发和过度污染。

于是，IDEO和许多其他公司一样，开始拥抱再生思维、循环过程等理念，并向客户灌输与之相关的知识。例如，在灯具上设计可单独更换的部件，从而大大延长灯具的使用寿命；帮助一家服装公司成立一间旧衣服店面，专门教顾客如何修补磨损的衣物。

博弈论

任何决策的做出都不是孤立的。苹果公司对新一代 iPhone 功能的决策将影响谷歌下一个 Android 版本，反之亦然，循环往复。一个政府如果决定支持一个中东国家的反叛力量，将会引发整个世界的涟漪。

博弈的概念就是通过下游的波动，以及竞争对手、盟友、市场等的反制来进行思考。就像在象棋游戏中，最好的一步棋取决于我的盟友、对手和中立方一系列的下游动作。

博弈论塑造了一种理念，即决策是如何在一个由多方参与者构成的更大系统中产生影响的。可以想象，这在处理复杂情况时非常有价值，然而，在许多大型组织当中，博弈论分析虽然被认为很先进，但还不是主流，它的好处远没有发挥出来。

比如，当决策涉及是否采用或部署某些特定技术组件（不管是硬件还是软件），在更大的技术生态系统中发挥作用时，博弈论可以提供一个很好的视角。决策智能和博弈论二者之间具有很强的互补性。一个决策模型中通常会涵盖竞争对手所做的另一个决策模型，后者之于前者相当于一个外部因素。同样，博弈论也受益于决策智能，后者能为团队面临复杂决策提供富有见地的理解。

知识管理

> 理想的知识管理就应该发展成为决策智能。记录决策及其基本脉络,这是一个组织最重要的历史财富之一,但也是许多组织不太擅长做的事情。为此,决策智能打造了一个丰富的解决性框架。
>
> ——里克·拉德(前洛克达因公司知识管理负责人)

知识管理专家的工作就是确保组织的知识可获得、可使用、可更新。鉴于这些知识经常被拿来支撑决策的制定,因而知识管理和决策智能高度互补。实际上,决策智能将所有用于决策的知识条理化、成形化,从这个角度来看,它甚至可被视为知识管理的一个子领域。

知识管理最重要的作用就是在一个组织内部建立起"传感器网络",对即将出现的问题发出预警。正如知识管理专家琳达·坎普所言:"人类对某些重要知识的忽视是一个由来已久的老问题。教训被遗忘,侥幸被忽略,谨慎被遗漏,于是灾难反复发生,泰坦尼克号沉没、博帕尔毒气泄漏、美国国际集团舞弊案、卡特里娜飓风、福岛核泄漏……不一而足。"坎普还引用9·11事件的例子指出,尽管许多组织都有避免某类问题发生的知识储备,但大多数知识并不是像9·11这样,以如此令人警醒的方式呈现的。

决策智能很可能就是今天的知识管理体系中缺失的部分。坎普接着说：

知识管理应当提供并提醒人们注意采取关键行动可能需要的及时信息。这时，需要通过因果链进行逆向追溯，为信息共享提供一个开放的文化环境，并以一种易于理解的方式将信息呈现出来。决策智能就是提供这一解决方案的学科，它为知识管理，以及一个能够预警危险的系统，提供了一个强有力的平台。①

关于决策智能在知识管理中的作用，拉德进行了更详细的阐释，如图45所示。这张图告诉我们，知识可以来源于人或物，可以是隐性的，也可以是显性的。知识管理的任务是支持知识的获取和需要时的供给。

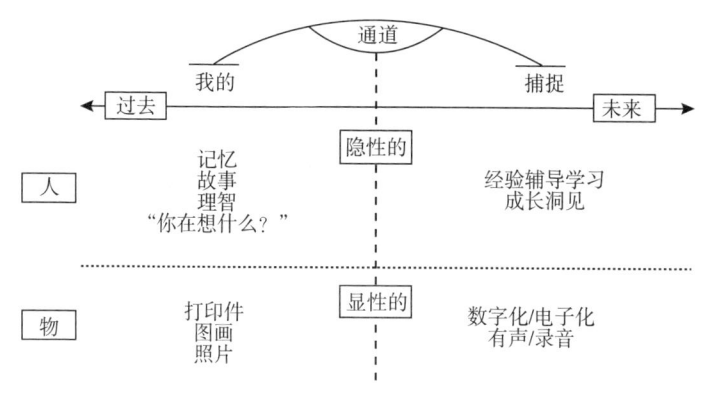

```
              通道
        我的       捕捉
过去 ←─────────┼─────────→ 未来
              隐性的
   人    记忆            经验辅导学习
        故事            成长洞见
        理智
        "你在想什么？"
   ─────────────────────────────
              显性的
   物    打印件          数字化/电子化
        图画            有声/录音
        照片
```

图 45：知识管理框架

---

① 里克·拉德的博客"系统通（SystemsSavvy）"中涉及这些内容，以及系统、知识管理和决策智能之间关系的相关主题。

D¹ 统计学

基于证据做出正确决定，这在传统上属于统计学的范畴。今天，统计学、人工智能、机器学习和决策智能紧密交织在一起。许多机器学习的技术就是基于统计学原理，决策智能的重要组成部分之一就是贝叶斯统计。

一般来说，统计方法与人工智能的不同之处在于，前者侧重于更小的数据集，在数据分布上更常使用统计假设。举例来说，某种统计方法假设，一个群体的身高分布遵循一条正态或叫钟形曲线。在这一假设基础上，该统计方法就可以根据动物的几对"身高"和"体重"数据得出较为可靠的结论来。

相较之下，机器学习的应用场景通常不能作过多假设，因此它依赖大量数据来替代关于数据分布的认知。由于现在很多领域都在使用大数据，所以这件在过去看来很难做到的事情，如今已经是小事一桩。

统计方法和人工智能另一个显著的区别是，人工智能通常是回顾性的，也就是说，在设计实验之前已经收集好了数据，然后再用人工智能识别数据中的模式。而统计方法不仅可以回顾，也可以前瞻，比如设计一个随机对照试验（RCT）来测试某种新药的疗效。

与决策智能相比，大多数统计方法像机器学习一样，只能提供单链的答案。因此，一个典型的统计问题一般只能回答某个单链的问题，比如"如果我知道一个 10 岁孩子的智商，那么他 25

岁时的工资大概是多少"。相比之下，决策智能更关心的不是答案，而是采取什么样的最佳行动——假如我知道了孩子智商和他未来工资之间的关系，那么我在养育他的过程中该做出哪些选择，例如我为他选择哪所学校，会产生什么样的后果，等等。

最后，统计学一般不涉及专家知识和数据的组合，而决策模型则建立在人类专长和数据链接之上。① 这里特别值得提及的是，统计学的子领域之一，贝叶斯统计。贝叶斯统计是一个古老的领域，近年来又经历了一次复兴。它的基本思路是以其他信息作为条件来计算统计数据，比如，如果你是一位 50 岁以上的女性，那么你患癌症的概率有多高，或者在你的竞争对手没有开展新的营销活动的前提下，你们公司收入增长超过 50% 的可能性有多大。

贝叶斯统计与决策智能相关，因为在世界范围内传播的因果关系和概率之间联系十分紧密。事实上，我们可以将观测到的概率视为潜在因果联系或相关性的附带现象。因此，当概率分析是解决某一特定问题的钥匙时，贝叶斯统计也可以用于决策模型中。

用于医学及相关领域的随机对照试验与决策智能的关系更为密切。参与随机对照试验的人会问同样的问题，"如果我采用这种干预，结果会怎么改变？"要进行随机对照试验，需要进行一项前瞻性实验研究，这对面临复杂决策的政策制定者和组织领导人而言，是个极其难得的机会。

---

① "旧统计学"和"新统计学"（或称之为"叛逆的统计学"）之间有很大的区别。新统计学和机器学习有很大的重叠，也被称为"统计学习"。

小结

本章介绍的技术彼此之间存在大量重叠，操作者很难只使用其中一种，而完全不涉及其他技术。决策智能和CDD首次尝试将它们置于一个综合的框架之下，相当于这些先进技术的"业务分析"学科，为我们提供一种结构化的方式，使用现有工具分析企业或组织面临的问题，并对如何使用这些工具来做决定加以设计。

在进行一项软件工程之前，只需要程序员们编写代码即可。但随着分析和设计在该工程中占据了一定位置，这个领域就变得更加成熟、更为复杂。在复杂情况下的决策亦是如此，我们可以按照工程准则进行部署，以达到控制事态复杂性、提高决策有效性的目的。

第四章

如何建立决策模型

04

决策智能：链接数据、行为和结果的新智能

第四章 如何建立决策模型

人类的所需和所得之间存在着严重的脱节。扎根于现实就意味着认真对待我们所观察到的证据，意味着寻找能够充分解释正在发生之事的框架，意味着探求基于合理信息的可行性方案。简单地说，扎根于现实就意味着知道实际发生了什么，并采取相应的行动。

——乔·布鲁尔（哥斯达黎加应用文化进化中心）

只有人类的大脑能发现，如何用最少的资源做最多的事情，不断维持和满足整个族群的需求。

——巴克敏斯特·富勒

前文中的图 18 是一幅因果决策图（CDD）的模板，它由六部分组成：杠杆、中间要素、外部因素、结果、目标和依赖项（用方框之间的线表示）。这一章将教你如何画出这些图，或者在具备一些初步材料之后，跟你的合作伙伴开一个研讨会。

决策智能的九个层面

你可以从以下九个层面参与决策智能：

理解。即使你从未画过 CDD，只要理解决策智能的原则，也是有意义的。简单来说，决策就是一个关于杠杆的思考过程，通过因果链导向结果,让你成为一个更高明的决策者,并帮你克服本章末尾列举的那些常见的决策错误。

绘制。尝试画一次CDD。只要肯花时间做这件事,你做出正确决定、避免非预期结果的概率就会提高。

分享。与他人分享一个CDD,调整你的思维模式,了解不同的观点,将带你走向更好的决策。面对同一情况的诸多关键因素,之前不同的思维模式转变为一个共通的思维模型,这种协同蕴含巨大的力量。

持续改进。持续更新你已经画出的CDD。因为随着时间的推移,现实情况和我们对它的理解也在同步变化。你可以通过CDD对你自身或整个团队进行反复多次的校正,即使它最终都没能在某个自动化系统里实现也无妨。

执行。超越图表形式的CDD,创建一个自动的决策"沙箱"模拟环境,帮你理解自己做出的决策将会产生的影响。就像我在第三章中讲的那样,决策智能最伟大的突破之一是,允许人类和技术共同合作,找到那个能满足各个利益相关者的"甜蜜点",包括它解决"公地悲剧"的潜力。约翰·西利·布朗曾说,魔兽世界团队的成员是最好的员工。原因在于,魔兽团队善于在一个复杂的交互式软件系统中通力合作,这是决策随着时间演进不断发挥作用的最好写照,事实证明,它将发挥无比强大的作用。

整合。用CDD将多种技术整合到决策中。一般来说,数据技术不能满足整个模型,因此决策建模将向我们展示,不同的前沿技术是如何联合起来,增强我们的直觉、知识和经验的。

方案比较。设置不同的外部因素集,看看相同的决策在不同的假设条件下是否会产生不一样的结果。

优化。"向后"推演决策模型，在计算机的帮助下寻找不同情况下的最优决策。

实时跟踪。作为决策支持、商业智能计划的一部分，跟进决策影响仪表板的动向。该系统能发现何时进入"黄色"或"红色"区域，即外部环境或场景数据偏离预期范围太远，以至于最初的选择在现实中反而导致完全不同的结果，进而触发新一轮的模拟运行。

决策模型的受益者是谁

最大的希望和洞见都来自那些将千差万别的思想之线编织成一整块布料的人。

——戴夫·特克斯·史密斯（达芬奇公司首席数字官）

有许多种情况都可能激发你学习建立决策模型的决心，比如：

• 在你所在的组织中，你是一名负责人工智能、机器学习等技术的高级主管人员（关于这一点本章还会具体展开）。

• 虽然不是专家，但你仍希望自己能影响某些重要的社会问题，比如人类为应对气候变化进行的决策。

• 你是一位高级主管，此刻正面对某个一团乱麻的新项目。你手里有大量的数据和一批具有专业特长的人（但这些人声称数据没有用），而对于你自己所支持的决策，你甚至还搞不清它的内在结构（关于这一点，你将会在后面的一节中看到相关案例）。

- 在个人生活中，你面临某些复杂情况时需要做出一个决定，比如是否该换工作，是否要回学校深造等。
- 你是一位政治家，希望利用选民和助手提供的信息和专业知识来制定政策。
- 你被海量数据所淹没，想知道如何利用这些数据为你自己或团队创造价值。或许你拥有一张巨大的电子表格，但它明显已经不能满足你的需求。
- 你是一名业务经理，某个做数据分析或机器学习的团队为你提供商业服务，可是你很难理解他们使用的特定技术术语。
- 你是一名高级主管，希望向整个公司灌输决策智能的理念。因为你认识到决策智能与业务流程管理或项目管理一样，具有广泛的价值和异乎强大的能力。
- 你是一名顾问，希望帮助团队或个人做出复杂情况下的决定。

决策智能适用于上述所有情况。需要再次强调的是，决策建模不需要数据。实际上，用大量数据开启此进程可能会导致"在灯柱下找钥匙"的局面。决策模型完成后，它将带领你找到最有价值的数据、最有用的字段。同时，它还可以（并且已经）为人们节省数百万美元和数年的工作，因为你不需要再花钱花时间清理那些不必要的数据（我称之为"无偿数据管理"）。

补充说明：在上述意义上，决策建模是过去"专家系统"的天然继承者。它关注需要在复杂环境中进行决策并指导行动的情况，并提供专家知识和数据之间的链接。

决策建模最适合于复杂环境中有多个选择和多个结果的情

况。例如,"现有备选产品 A、B 和 C,我的目标是使公司的净收入每年增长 2%,同时减少公司的碳排放量,我应该选择销售哪款产品"。

决策建模的益处

决策建模可以在以下方面帮助到你:
- 将团队统一到共同的思维模式下进行协作。
- 发现决策中最重要的因素。什么样的决策一旦做出,就能用最小成本获得最大收益。
- 在可能出现冲突的情况下,发现团队的共同目标和协同解决方案。决策建模具有识别"圣杯"的能力。所谓"圣杯",就是实现各方涉众利益最大化的决策。
- 避免非预期结果的出现。
- 作为组织有效引进人工智能、机器学习、优化等先进技术的"设计图"。
- 打造持续改进的基础。随着时间的推移,你对情况的了解愈加深入,CDD 也要进行不断更新。
- 确定收集什么样的数据最具价值。并非所有的数据都一样有用,有些数据对决策结果的影响比其他数据大得多。因此,在建立决策模型之前就收集数据,可能导致时间的大量浪费。例如,我们通过决策建模认识到,不管我们的竞争对手对产品的定价是 1 美元还是 10 美元,都不会影响我的决策,所以再怎么去挖掘这方面的数据，本质上都是没有价值的。

- 确定获取哪些额外的专业知识和事实最具价值。与上面一点相类似，例如我们可能通过决策建模认识到，了解竞争对手对产品颜色的设计出乎意料地重要。

决策建模的案例

想象一张多米诺骨牌，一旦倒下，就会引起连锁反应。你有许多张可以作为启动键的多米诺骨牌，每一张都会通向不同的道路，同样，因果链也会通过杠杆导出结果。站在起点上，你一定希望选择那张能够导向最好结果的骨牌。因此，虽然决策建模是对杠杆的选择，但建模的过程其实是模拟一个用决策和杠杆行为引发的结果的全过程。按照本书惯例，在后面的图表中，我仍旧在左边画决策杠杆，在右边画结果和目标。

为了支撑这一观点，我再列举几个例子。设想一家零售连锁店正在考虑是否要在屋顶上安装太阳能电池板。这个决定不仅意味着要花一笔钱购买太阳能电池板，还意味着将来会节省一部分支付给电网的费用。

或者，再设想一个非洲国家的政府，正在寻找治愈艾滋病的办法。它应该花多少钱在购买药物上？又该花多少钱培训卫生保健专业人员来教病人如何使用药物？这是一个艰难的决定，因为用于培训的每一分钱都会减少救命药物的供应。与此同时，如果没有人教病人如何科学用药，这种药物的有效性将会大大降低。

第四章 如何建立决策模型

再设想一家新软件公司的产品经理,她负责为产品制定合适的价格,选择合适的投放市场。要做出这个决定,她需要模拟价格如何驱动消费者的购买行为,以及市场的选择如何影响产品发布成本,并如何与价格之间产生交互作用。而她进行模拟的手段有两种,依靠自己的大脑,或者利用决策智能。

最普遍的决策杠杆之一是投入,解决花多少钱来启动哪个新项目之类的问题。为了获得长期收益,有些投入甚至还会带来短期"赤字"。因此,一个好的模型是成功的关键,不管它是存在于投资者的头脑中,还是明确地体现在软件里。

正如你所看到的,每一个决策杠杆后面都是一个等待做出的选择。而选择合适的杠杆就是决策建模的目标。决策建模与其他方法的不同之处就在于,在一个可能包含反馈效应、混沌行为和奇异吸引点的复杂因果系统中,杠杆是第一原动力。

不过,在讨论决策模型之前,我还需要进一步打破数据神话。

决策智能与数据

在一个美丽的春日,我乘火车穿过了新英格兰。到了车站,来自合作公司的几位男士热情地迎接了我。我在心里想,这次我们肯定能成功。驱车前往市区的路上,我们聊起即将前往的公司:"他们真的跟以前大不一样了""非常有创新性""渴望新想法"。

到达公司之后,已经有一个大规模的会议在等着我们了。和以往一样,参会的有来自好几个部门的工作人员,有些人以前根本没见过面。负责信息技术的人员带来了数据模型、电子表格等一大堆文件。按照惯例，会议第一个环节是每个人发表意见，毫无意外，大家的意见主要还是围绕数据。他们带我们浏览了白板上一个很棒的数据库模型，还有人为我们分发了报告……太棒了！

公司的数据分析师表示："我们所做的决定取决于支持它的数据。"人们一般都这么认为，但事实却并非总是如此。

实际上我们意识到，像这样开始进行决策建模时，并不是所有数据都是一样的。有些字段很关键，有些则不那么重要。况且，在没有数据支持的情况下，往往是人的专业技能会带来很大的不同。

这方面最极端的例子就是我在第三章讲过的赢家通吃效应，该效应支配着国家经济、市场和其他诸多领域。因此，你花费巨大财力收集、清理并展示出来的数据可能与你的竞争优势无甚关系，尤其涉及重大决策时更是如此。（当然，有效管理重要数据的重要性还是毋庸置疑的。）

朱迪亚·珀尔在《为什么》一书中说（译者注：这一段前面引用过）：

我们生活在一个认为大数据可以解决所有问题的时代……但数据是盲目的。数据可以告诉你，吃药的人比不吃药的人恢复得更快，但它们不能告诉你为什么。也许那些吃药的人之所以吃药，只是因为他们负担得起，如果不吃药，他们也能恢复得一样快。不论在科学还是商业领域，我们不止一次地看到，仅仅有数据是不够的。

再说回那个新英格兰客户。我很高兴地说，我们最终赢得了这项工作，而且他们在接下来的项目中，多次邀请我们回来。至于他们庞大的数据库，不需要。我们的建模工作将他们最有价值的案例提炼成一个只包含几十个字段、仅有 1 兆大小的电子表格。将数据管理集中于这些字段，就是帮助客户赢得一大笔钱所需要的全部。

发散思维与聚合思维

作为我将要介绍的建模步骤的背景，先了解两种不同类型的思维方式很有必要。大脑在进行头脑风暴或者说发散思维时，与进行分析时的运行过程是完全不同的。根据我自己和我团队的经验，我对个中差异深有体会——如果你试图同时做这两件事，个人或团队的智商与创造力就会降至正常水平的一半左右。功能磁共振成像研究表明，这两种思维方式使用的是大脑的不同部位，当两种思维方式进行转换时，血液会从一个部位流向另一个部位。

因此，决策建模极其重要的一点就是将思维过程中的发散部分与聚合部分截然分开。发散阶段的目标是产生尽可能多的想法，甚至不排除糟糕的想法，不管是关于结果、杠杆、外部因素、中间要素、目标还是依赖项。人们会提出糟糕的想法，这是不可避免的，因此创造一个安全、协作的环境至关重要。如何做到这一点超出了本书的范围，但是本书也将提供一些很好的参考。

补充说明：发散思维与聚合思维的区别与行为经济学家所描

述的系统 1 与系统 2 思维的区别有关，其中最著名的是丹尼尔·卡尼曼在其著作《思考，快与慢》中的解释。系统 1 的思维过程是直觉型的，系统 2 的思维过程是分析型的。决策建模中使用"呼出／呼入"与"聚合／发散"的交替，整合这两种元素，以实现两种思维过程的最佳效果。

观点 41：决策建模结合了发散思维和聚合思维的优点，以实现决策模型的效果最大化。

决策建模的步骤

本节将介绍建立决策模型的具体步骤，如图 46 所示。

```
1. 启动
2. 召开会议
3. 对结果进行头脑风暴（发散）
4. 对决策杠杆进行头脑风暴（发散）
5. 对结果和目标进行分析（聚合）
6. 对决策杠杆进行分析（聚合）
7. 对外部因素和信息源进行头脑风暴（发散）
8. 连接模型：连接每组杠杆和结果，形成整个链条（发散）
9. 使用模型
```

图 46：决策建模的步骤

04
第四章 如何建立决策模型

🧠 启动

最理想的决策建模团队应该是一个充满多样性的团队。我经常与来自不同部门的团队一起工作，他们的工作互相依赖，但这种关系很少得到充分的体现，导致出现第三章描述的"打地鼠"现象。

补充说明：为了方便理解，下面使用的是我最熟悉的场景，作为一个决策建模团队，为一项需要协同工作的商业项目提供服务。如前所述，你也可以独自一人使用这个方法，当然，如果邀请几个你信任的、拥有不同背景的朋友帮你检查模型，你将会收获更多。该方法同样适用于小型独立团队、大学、非营利组织、政府，等等。

另外，CDD 也可用于多重决策。因为它通常可以呈现出组织内部最关键的因果流，所以在面临新情况需要做新的决策时，也可以适当地重新利用 CDD。

在决策建模会议开始前的启动阶段，应准备以下 5 个关键要素：

足够的白板空间和记号笔。

安排足够多的休息时间，至少每小时一次。请记住，一个最重要的目标就是尽可能多地从团队中学习，因此，确保每个人头脑清晰至关重要。

如果可能的话，安排团队中的一个人担任"记录员"。他的任务可能是记录会议后期出现的"停车场"问题、会议期间提出的重要的开放性问题，或者在一个交互式工具中开始构建的决策模型。记录员还要同时承担计时员的角色，在会议必需的情况下强制中断某人的发言。

一位高层发起人。得到公司高层的资助和支持非常重要，哪怕他只出现在会议最开始的五分钟内。这位高层发起人是陈述会议目的的最佳人选。我经常让他们说："在我看来，如果这次会议取得圆满成功，XXX 就是我希望看到的结果，它将通过 XXX 的方式使我们整个公司受益。"

愉快、轻松、好玩的氛围。这对进行有效的决策建模十分有利。努力保持积极、不带偏见，并以这种态度对待所有的与会者。花点时间鼓励大家完成这种转变，达到让每个人都感觉放松的程度。例如简单地绕着桌子走一圈，让每个人介绍一下自己和他希望在会上达成的目标等。这一步实现起来非常简单，但很多会议都直接略过了。需要的话，你甚至可以来一次团队建设。

决策建模通常要花费半天以上的时间，对于一些复杂的决策，甚至会延长到一周。我的建议是一次不要超过一周时间，团队需要时间吸收和处理所学到的内容。制定一个复杂决策时，你可以后续再召开一个补充会议，检查之前建立的决策模型或创建一些子模型。

召开会议

决策建模要开始了。请先简要陈述你所面临的决策，例如，"我们想知道怎么运用数据减少利比里亚的冲突""我想决定上哪所大学"，或者"我的团队准备推出一款新产品，但我们还没想好该定多少价格，以及产品应包含哪些功能"。作为示例，我根据自己经历过的几个案子，假设一家叫 AC 电信的虚拟公司。它的决策陈述是这样的：

我们准备为客户推出一项移动数据计划，定价时是否应该提供一个不设使用上限的"管饱"方案呢?

确定项目参与规则

前面提到的高层发起人可能会在这时对项目规则进行说明,这时你要分清高层建议和限制条件间的差异。比如,这位高层发起人可能会说:"如果要实行无限方案的话,每月 50 美元应该比较合适。"考虑到他在公司的地位,团队会倾向于认为这是一个严格的限制条件,而不是一条简单的建议。但是,要确保你知道它究竟属于哪种。

又或者,这位高层发起人会说:"我认为最好先在美国推出,然后再在欧洲推出。"这个限制可能就是一个"硬性"约束,因为他掌握的有团队不知道的信息,也就是我们必须先在美国推出。这时你可以问:"如果我们发现,先在美国以外的市场推出,能够以更低的风险获得更高的收益,您能接受吗?"如果答案还是"不",那么这就是一个硬性约束,应该将其记录在白板上,如图 47 所示。

无限计划

目前的目标和限制条件

决定此项月度无限移动电话服务的以下几方面:

针对这项新服务的定价

吸引客户办理的诱因(比如提供免费手机)

合同期限

目标人群(仅限于美国市场)和营销计划

启动成本的摊销期限

图 47:参与决策制定的规则示例

对结果进行头脑风暴

> 如果你不知道去往哪里，任何一条道路都会带你抵达。
>
> ——乔治·哈里森

花了几分钟说明了会议目的后，我向该团队提出的第一个问题是："你们想通过这个定价政策达到什么结果？"这是一个会产生分歧的阶段，于是我解释了头脑风暴的规则，鼓励团队的每个人大声说出自己的想法。你也可以要求他们将想法写在便利贴上，确保那些不太自信的人也能表达自己的意见。

第一组答案如下，我把它们写在白板右边的一栏里：

- 提升客户体验；
- 产品成功上市。

顺便提一下，对于这个团队，我并没有像在本书所做的这样，不厌其烦地向他们介绍决策智能，而是一上来就进行决策建模。对此你或许能理解，因为如果花些时间讲讲大数据、机器学习和决策智能，对树立我的信誉和权威是有好处的，如果团队中还有一些对人工智能、机器学习等技术特别有热情、非常想学习的成员，就更加有吸引力。但是，面对一个由非技术业务人员组成的团队，我不太愿意提前进行这样的培训。

观点42：要与团队共同构建决策模型，你不必事先教他们任何东西。这种方法与人们通常思考决策的方式如此契合，任何人都可以轻松使用。

有形和无形的目标与结果

不是所有有价值的东西都能被计算，也不是所有能被计算的东西都有价值。

——埃里克·布莱恩约弗森

头脑风暴继续，我问他们："谁有更多的想法吗？"我特别建议他们考虑一些无形的因素，虽然这些因素可能更难衡量，但往往更能推动一家公司的成功。典型的无形资产就是员工的士气、信任度、幸福感等。他们接着回答说：

- 保持员工士气；
- 适应环境影响下的公司政策；
- 创造积极的社会效益；
- 帮助减少世界范围内的收入不平等。

注意，这个团队在这里表达的是目标，而不是结果。鉴于两者之间的区别[1]在这里无关紧要，我就没有小题大做了。最重要的是，让头脑风暴自然而然地进行下去，直到团队中出现长时间的沉默之后再停止。

观点43：在头脑风暴中一定要引出一些无形的东西。虽然这些东西有可能将决策的结果引向难以预料的方向，但只要经过充分讨论，它们就会变成"隐藏的宝石"。

---

[1] 记住，结果是你所衡量的事物（比如客户体验），而目标是你认为"好的"结果的价值（比如某项调查中超过75%的客户体验）。

此时，白板就变成了图 48 的样子。左边故意留空，以便为杠杆留出空间。

```
无限使用计划
                    目标
            1.提升客户体验
            2.产品成功上市
            3.保持员工士气
            4.适应环境影响下的公司政策
            5.创造积极的社会效益
            6.帮助减少世界范围内的收入不平等
```

图 48：目标列表

对杠杆进行头脑风暴

决策杠杆代表了实现结果的选项。和上面围绕结果的头脑风暴一样，对杠杆的头脑风暴潜力巨大，可以让那些连专家们都没想到的伟大创意浮出水面。

对于我们案例中的这个移动战略团队，有几个杠杆是由高层发起人制定的，所以我们先把它们写在白板上：

- 定价；
- 包含的服务；
- 合同期限；
- 诱因。

我继续问:"还有什么吗?"于是团队进行了头脑风暴,并在白板上增加了以下几条:

- 市场营销、广告活动;
- 竞争营销、广告活动("我们有这个,竞争对手没有");
- 提升 L2R 指数(L2R,客户从满意到向他们的朋友推荐);
- 竞争对手提供同样的产品,但价格更高;
- 更好的客户体验。

这时,白板的样子如图 49 所示。

无限使用计划	
杠杆	目标
1. 定价	1. 提升客户体验
2. 包含的服务	2. 产品成功上市
3. 合同期限	3. 保持员工士气
4. 诱因	4. 适应环境影响下的公司政策
5. 市场营销、广告活动	5. 创造积极的社会效益
6. 竞争营销、广告活动	6. 帮助减少世界范围内的收入不平等
7. 提升L2R指数	
8. 竞争对手提供同样的产品,但价格更高	
9. 更好的客户体验	

图 49:杠杆和目标

对杠杆进行分析

经过一段时间的头脑风暴,我们决定暂时停止,对上面列举的因素进行分析。首先,我们都同意市场营销和竞争营销基本上是同一回事,因此可以将其合并为一个类别。

接着,我对"竞争对手提供同样的产品"提出了质疑,这一点是否真的是我们可以控制的呢?我们一致认为这是一个外部因素,而不是杠杆,所以决定把它留到后面的列表里。

观点44:外部因素和杠杆很容易混淆。对此,确保列出的杠杆都是你可以控制的,而外部因素则是不可控的(尽管通过软件工具,你可以尝试改变外部因素,以做出不同的假设)。

对"更好的客户体验"是否是一个杠杆,我也提出了谨慎的质疑,因为我们不能直接影响它。在一个新的白板上,我们做了一个"如何链"的练习——在图表的左边添加作为因果链上游的相关因素。我问他们:"你怎样才能获得更好的客户体验?"

他们回答说,可以增加培训呼叫中心人员的投入,增设呼叫中心人员的数量。我又问了一遍该"怎样做",我们一致认为,这两点应该尽可能靠左。于是,我们在列表上增加了这两点:

- 增加培训呼叫中心人员的投入;
- 增设呼叫中心人员的数量。

然后,我将这两点链接到一个中间值,即"客户体验"。现在,白板看起来是图50的样子。

```
┌─────────────────────────────────────┐
│              客户体验                │
│   增加培训呼叫                       │
│   中心人员的投入 ↘                   │
│                  客户体验            │
│   增设呼叫中心  ↗                    │
│   人员的数量                         │
│              ⬅═══ 如何做             │
└─────────────────────────────────────┘
```

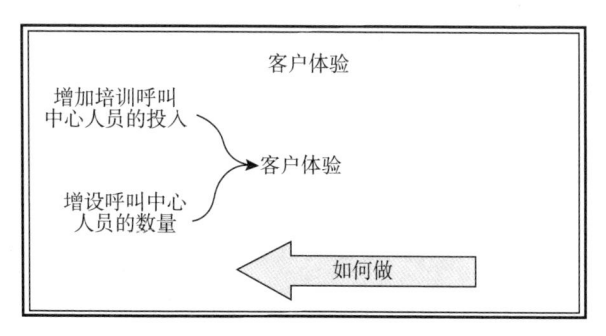

图 50：关于客户体验的"如何链"

观点45："如何链"可以用来检查杠杆是否真的是你可以改变的东西。如果不确定，问一句"怎样做"，然后顺着因果链逆流而上。

需要注意的一点是，随着时间的变化，你的情况及你的责任程度也会发生改变。因此：

观点46：随着系统边界的变化，杠杆可能会变成外部因素，反之亦然。

聚合阶段：对结果和目标进行分析

让我们仍从"提升客户体验"开始。我说：

我知道如何提升客户体验，只要给每个客户开一张1000美元的支票就可以了。我的意思是，我不认为提升客户体验是你们的终极目标,事情可能比这更复杂。理解这些是如何组织在一起的,就是我们在这里的原因。

当然,团队对此都点头赞同。

那么,为什么客户体验如此重要?答案是"为了确保产品上市成功"。我又问:"什么情况下你会觉得这次产品的上市是成功的?"[①] 答案是"当它产生正收益的时候"。我接着问道:"为什么提高收入很重要?""为了能提高利润。""继续,为什么?""这样我们就可以为股东创造价值,保持公司的良性成长和成功。"

观点47:沿着因果关系的"为什么链"顺流而下,你可以从假性结果走向真实结果。

顺着"为什么链",现在的白板是图51的样子。

决策边界

有时候,"为什么链"会导致团队的讨论超出当前的决策范围。因此,团队需要确定边界在哪里,范围是什么,哪里属于范围以外的地方。在上面这个例子中,我们的团队认为,"为股东创造价值,保持公司的良性成长和成功"超出了当前的决策范围,并将"为什么链"撤回到"为了能够提高利润"。

---

① "如何"一词在这里的意思是"你将如何衡量它",而不是"你将如何实现它",所以不是"为什么链"或"如何链"的一部分。是的,这很令人困惑,英语作为一门语言在表意上还是存在缺陷的。

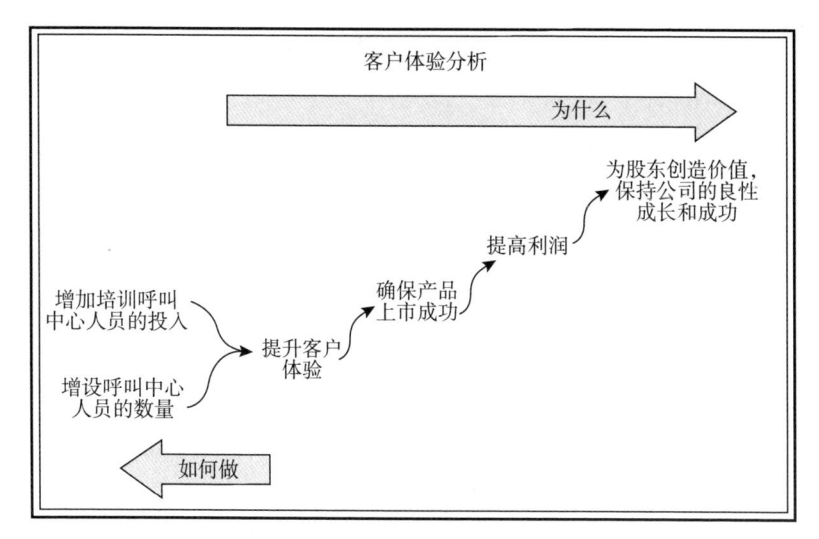

图 51：增加客户体验的"为什么链"

假性目标

使用一些术语，或稍微进行一些拓展，可以将我们讨论的这个相当商业化的案例延伸到更大的范围。在这个案例中，"客户体验"就是一个所谓的"假性目标"。假性目标在第一章中就介绍过，如图 6 所示。一般情况下，假性目标更容易衡量和管理，但与真正的目标之间仍存在差距。

假性目标甚至是危险的，如果不加以识别，就会产生误导作用。例如，世界上大多数人都把金钱当作幸福的象征，但是最新的研究表明，这不是真的，金钱和幸福之间有着错综复杂的关系。对金钱和幸福之间的假性关系多一点了解，会对改善人类生活有巨大的帮助。

这里，可以给各位留一份家庭作业：今天，找到你的一位朋友，听他解释某个"为什么"或"因为"。通常情况下，对为什么的回答将启动一连串事件，推动 CDD 从左往右移动，就像我们上面展示的那样。

同时需注意的一点是，我要求团队明确"产品成功上市"的具体所指。针对决策图中的每个元素，你都应该反问一句："它有多高的可衡量性？你是否敢对它打赌，并且能够清楚地知道最后谁赢了？"在此意义上，"产品上市成功"这样的陈述就是无法衡量的，所以我要求他们进一步明确它的含义。答案是"正收益"，虽然还不是全部，但已经在对的路上了。

关于此过程的最后一点说明：请注意我的目标是，用团队熟悉的语言，提取出他们对其决策的理解。许多老办法要求团队先学习，然后转向他们不熟悉的语言。协同绘制 CDD 已然是一项艰巨的任务，如果再让他们学习一门新语言，困难就更升级了。

我下一个问题是："你们上面说的'收益'是什么意思？还是太模糊了，不符合'我敢打赌'的标准。"不同的团队成员给出了不同的答案：

扣除资本成本后收益最大化；

扣除资本及运营成本后收益最大化。

尽管我知道什么是资本成本和运营成本，我还是要求团队对这些术语进行定义。我的理由是，对决策结果的误解是致命的。因此，花时间确保所有人都跟你在一个频道上必不可少。

团队解释道，对他们来说，资本成本是推出新定价计划所需的一次性成本，运营成本是维持运营所需要的每月成本，包括客户关怀的支出，允许人们无限制使用手机流量的技术系统，以及广告费用等。

然后团队内部开始讨论，（1）和（2）究竟哪个是最合适的项目目标。除此之外，我还提出另外两个有待讨论决定的问题，一是他们在什么时候计算利润，两年还是三年？二是能否进一步解释"最大化"的概念。

按照惯例，团队在讨论这个问题时，保持沉默对我来说是最重要的。经过几个小时的讨论，中间还休息了几次，该团队确定了他们的目标：

- 18 个月后，新产品扣除资本投入的净利润达到 2%；
- 执行团队的员工士气保持在 80% 以上（通过公司的标准化调查问卷得出）；
- 确保该计划对环境的影响控制在被允许的范围内（由标准化的公司工具评估）。

有时候，将结果（要衡量的价值）与目标（可接受的结果值）区分开来很有帮助。在上面的陈述中，结果是"新产品扣除资本投入的净利润"，目标是"2%"。这种区别有时值得提及，有时并不值得。团队可能对结果达成一致意见，但对目标产生分歧，例如有些成员认为应当将目标定为 4% 而不是 2%，这时应该怎么办呢？

眼下，客户体验的"如何链"和"为什么链"如图 52 所示。

认真记录离题的讨论

在这个案例的讨论过程中，出现了很多离题的讨论：

- 一位数据专家告诉我们，她有一张关于员工士气的信息表。
- 一位营销人员表示，在产品发布初期，通过向低收入家庭倾斜，可以打造良好的社会效益。
- 一位呼叫中心专家表示，他有一支经过再培训的煤矿工人团

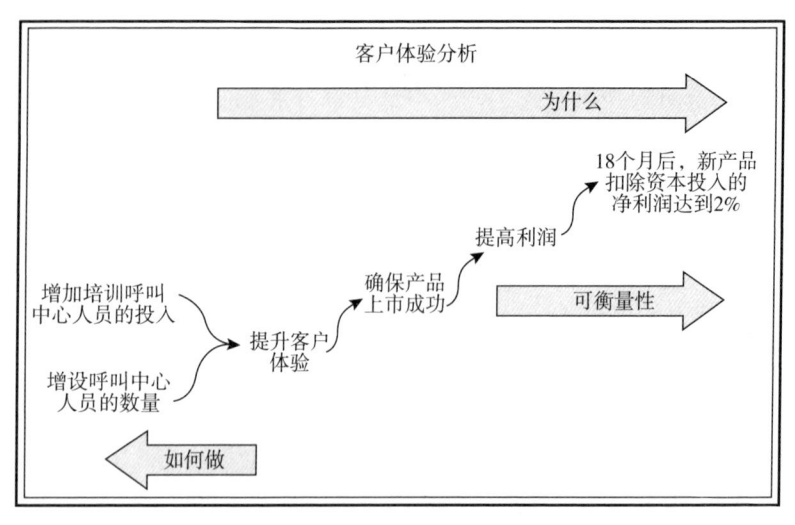

图 52：客户体验的"如何链"和"为什么链"

队，可以参与新产品的发布，支持公司内部多样化资源的有效利用。

这些都是些很好的想法，但均与决策结果无关，相反，它们都属于杠杆和外部因素。会议中出现这类评论是非常正常的。虽然他们没有在头脑风暴的正轨上，这时你应该做的，是认真恭敬地将其记录下来留待后用，向发言人解释这些不是结果，然后重新回到手头的任务上来。

对外部因素进行头脑风暴

我接着问他们："公司外部有哪些因素会影响你们的决策呢？"他们列举了下面几个：

- 竞争对手的行为；
- 宏观经济；

- 目标市场的需求。

这个团队开始讨论他们的一个竞争对手是否也会推出一个无限制的定价计划。这种讨论很容易变得热烈，但也容易适得其反，因为它是建立在每个成员的专业知识和经验之上，而明显每个人的知识和经验是不同的。随着建模过程的深入，我认为有两种方法可以解决这些差异：

- 结果的好坏或许并不取决于竞争对手。如果我们要谈它，最好先确定它值得一谈。

- 我们可以将大家关于竞争对手行为的不同观点记录在模型中，然后在不同的假设或场景下运行该模型。

在决策建模中，假设是指某一外部因素存在不确定性，场景是关于多个假设的一系列选择，我们可以在其中运行模型以查看相应的结果。

然后，我们讨论了宏观经济。一名团队成员提出，如果人们的消费支出降低，其购买该计划的可能性也会随之减少。另一个成员补充说，他最近读了一篇报道，预测未来 18 个月消费支出将持续走低。正如我解释过的，外部因素可以是对特定时间点的假设，也可以是随时间变化而进行的预测。

连接模型

到了午餐时间，我们进行了休息，其间我和记录员重新整理了模型，为下午的会议做准备。当团队返回时，他们看到的模型如图 53 所示。

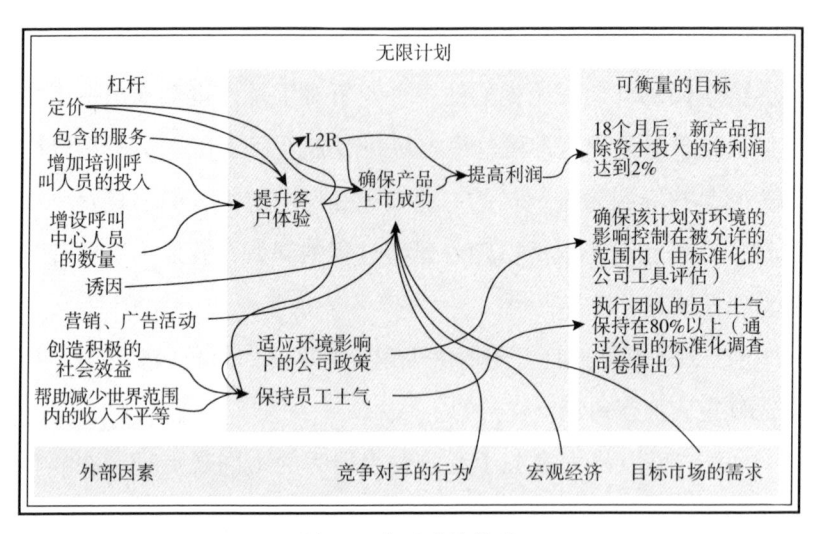

```
                          无限计划
    杠杆                                        可衡量的目标
    定价
    包含的服务                                  18个月后，新产品扣
    增加培训呼          L2R                     除资本投入的净利润
    叫人员的投入                                达到2%
                     提升客    确保产品   提高利润
    增设呼叫         户体验   上市成功              确保该计划对环境的
    中心人员                                    影响控制在被允许的
    的数量                                      范围内（由标准化的
           诱因                                 公司工具评估）

    营销、广告活动                              执行团队的员工士气
    创造积极的       适应环境影响                保持在80%以上（通
    社会效益         下的公司政策                过公司的标准化调查
    帮助减少世界范围  保持员工士气               问卷得出）
    内的收入不平等

    外部因素       竞争对手的行为  宏观经济  目标市场的需求
```

图53：整理后的模型

我下一个问题是："你们认为，从行动到结果之间的哪些事件会对你的目标实现产生最大影响？"一位团队成员回答说："我们的营业利润取决于成本和收入。"于是，我们将这一点作为中间要素也记录了下来，如图54所示。

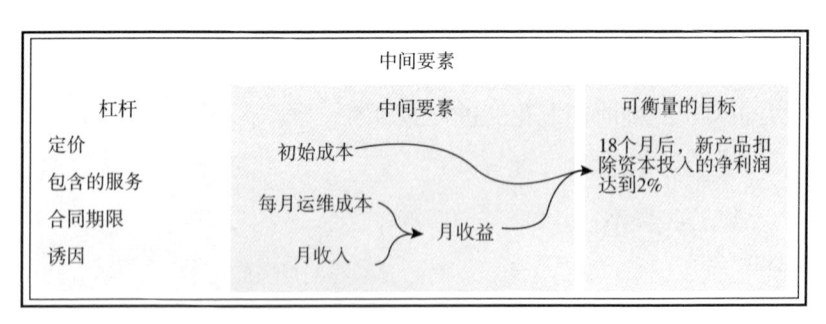

```
                          中间要素
    杠杆             中间要素              可衡量的目标

    定价          初始成本                  18个月后，新产品扣
    包含的服务                              除资本投入的净利润
    合同期限      每月运维成本              达到2%
                                月收益
    诱因          月收入
```

图54：扩充决策模型：增加中间要素

CDD工作坊的主持人之一哈坎·埃德温松曾评价自己在帮助

团队创建 CDD 链接时所扮演的角色。他说：

> 我经历最多的一个挑战是，团队对最右边的中间要素没有问题，但当把它们与结果联系起来时，人们往往会进入"设计模式"，因为在这一步中他们感觉并不确定。在我看来，这就是主持人要发挥创造性的时候，主持人需要领先团队几步。
>
> 我的猜测是，模型的左边是操作视角，而右边是管理视角，当两者相遇时，我们就会看到人们观点和视角的差距。
>
> 即使在同一家公司内部，主管经理对因果模式的认识也会存在差异。而另一方面，具体操作人员也没有意识到他们的日常工作实际造成了哪些影响。
>
> 而这些正是主持人的价值所在。

广度先于深度

在所有决策建模的实践中，都会产生这样一个问题——我们应该先深入细节（"深度优先"），还是先建立从决策到结果的链条（"广度优先"）？为此，我们可以绘制一个划分启动成本不同元素的子模型作为例子。

总体来说，我认为最好还是广度优先，因为关注深度意味着同时开启多个模型，而跨模型的图表通常情况下理解起来更加费力。启动成本包括对销售人员的更新、对客户关怀的更新等，这在特定的部门很好理解。然而，我们在这里所做的初始决策建模联系的最大价值，是帮助不同的部门理解它们之间的相互依赖关系。

在此重申下面的观点也许是有必要的：通过模拟每一个细节"点燃全场"是件很有诱惑力的事，但要谨记"每个模型都有错误，部分模型才有用处"这句格言，并记住你的目标是构建一个足够好的模型来推动一致性的形成和决策制定的改进，而不是抓住每一个细节。

在我们一直讨论的案例中，我也选择了广度优先。于是我接着问："你们认为，从行动到结果之间最具影响力的事件链是什么？"一个团队成员回答说，提供无限计划将减少公司的运营成本，因为这样一来就不用在账单系统中跟踪到用户使用的每一分钟，也不用维护技术以处理用户用完规定时长后的场景（比如滚动到下一个月或停机使用，等等）。

这让我们意识到，不管我们针对无限计划做什么决策，这个好处都是必然的，于是在图表的左边添加一个新的杠杆，叫作"选择无限计划"，并将其与初始成本相链接。

一位营销团队的成员接着说，他们认为在推销阶段，一些定向广告应该会十分有效。他认为该计划可以面向高收入客户推出

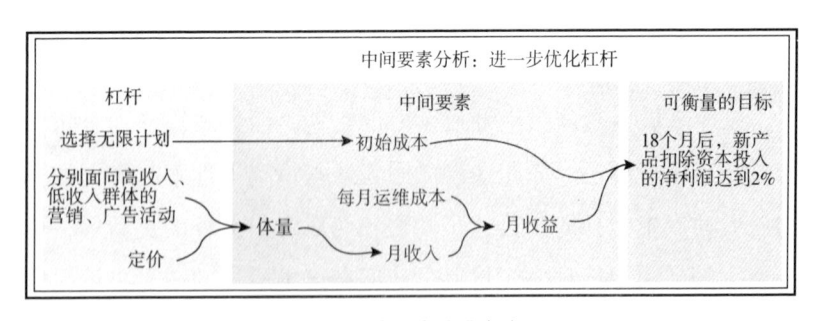

中间要素分析：进一步优化杠杆

杠杆	中间要素	可衡量的目标
选择无限计划	初始成本	18个月后，新产品扣除资本投入的净利润达到2%
分别面向高收入、低收入群体的营销、广告活动	每月运维成本	
定价	体量 月收益 月收入	

图55：进一步优化杠杆

高价版本，他们更倾向于为了省心而支付更高的费用。因此，我们在营销支出旁边增加一个子类别，并将其与体量和定价相链接。

决定机器学习的角色

参与会议的人员中有一位机器学习专家，她第一次发言了：

我觉得我们还能有所改进。机器学习在个性化医疗方面已经显示出了很大的潜力，根据患者性别、年龄、测试结果、DNA等，为不同的人推荐不同的治疗方法。我认为它同样适用我们现在讨论的情况。我有一个类似产品的数据集，其中我们测试了几千种不同的价格水平，分别呈现了各自不同的特点。我可以用这个数据集为你们建一个初始模型，显示不同的竞价策略如何导致不同的产品需求，有点像一个基于机器学习的精确需求推算器。

她的建议收到的回应褒贬不一。有些人觉得它听上去很高端，但担心花费不菲；另一些人则认为，将产品做对做好，最终可以给公司带来数十亿美元的收益，所以投入这样的努力是值得的。关于这个问题，我们决定留到最终决策环节讨论，眼下我建议先提出一个更简单的解决方案，于是画出了图56。

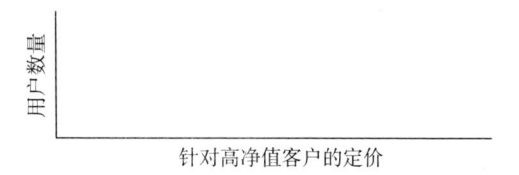

图56：我们收取的价格如何影响用户数量？

然后，我邀请在座的人当中，认为自己对此有一定见解的人走上前来，画一条能够反映价格与用户数量关系的曲线。经过几个来回，我们得出了图57。

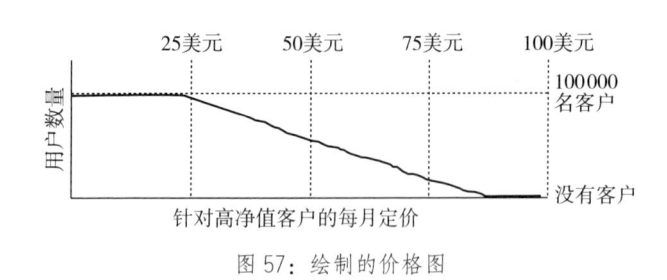

图57：绘制的价格图

以上即完成了决策建模的过程。你还可以继续以下步骤：

- 寻找反馈循环：如前所述，反馈循环常常是影响最大的。
- 识别更多的无形因素：这些因素往往被忽视，但具有重要影响。
- 进行敏感性分析：看看哪些缺失的信息对行动导致结果产生的影响最大。
- 识别限制条件：基于我们对情况的了解，是否有某些中间要素的价值是不可能实现的？
- 结果优先级排序：哪些结果是最重要的？如何将多种结果加以组合，形成衡量决策价值的最终方法？
- 杠杆优先级排序：哪些杠杆对结果的生成影响最大？你还可以做哪些研究，以更好地理解每个杠杆对结果的影响？
- 分配职责：决策模型应随着时间的推移不断改进，你可以为每个元素分配一个负责人，进行该元素的研究和细化。
- 分发图表：在你的组织内部分发决策图表，在大厅多媒体显示器上播放,让所有人都能在业务决策仪表板上看到,这些举措都有助于你调整复杂决策。

• 收集和细化不同时间、不同版本的决策图表:CDD 是一个活文档。不断去完善它、使用它、反复改进它。

关于最后一点再展开讲讲。对于决策设计来说最为核心的就是反复完善的过程,从一幅粗略的草图开始,逐渐添加细节。以一个产品的需求曲线为例,最初可能只是简单地表现为需求与价格成反比(比例常数未定)。随着获取的数据越来越多,分析越来越详尽,这些数据得到进一步细化,就能以手绘曲线图的形式呈现出来。最后,当模型完成时,这些手绘的近似值就可以被数学函数取代,精确描述模型中的产品需求曲线。

关于链接的形式,也会产生一定的分歧。根据分歧的不同性质,解决它们也要遵循不同的方法。一个基于简单计算公式的链接可能意味着要与一家公司的财务部门对话,一个基于机器学习的链接可能需要建立一个新模型,一个基于草图知识的链接可能需要人类的专业特长。疏解这些分歧是一个巨大且重要的课题,超出了本书的范围,但下面两个普遍适用的原则值得参考:

观点 48:CDD 的重要贡献之一是,允许分歧一次一个地发生,以一种结构化的方式,将关注点放在合作创建最佳决策图表的可能性上,而不是彼此间充满竞争关系的分歧之上。

观点 49:有时,分歧可能是无关紧要的,因为决策的精确选择对结果几乎没有影响。重要的是让团队看到决策的流程,减少浪费不必要的时间和精力去达成关于某些细节的一致意见，同时让他们达成关于最终决策的共识。

作为第二个观点的补充，我再举之前提过的一个例子：通过CDD，团队或许会意识到竞争对手的定价是10美元还是15美元并不重要，因为不管怎样，我们都会做出同样的决定。以这种方式减少不必要的精确性，可以节省大量时间。

使用模型

画了决策图，举行了研讨会，下一步该做什么？谁来做决定？通常情况下，这时的决策模型是有瑕疵且不完整的，总会有一些隐藏的因素影响决策。因此，不能因为并非所有成员都处于同一频道，就期待通过决策达成完全一致，这是不合理的。但是，决策模型可以协作共建，这样做的好处在于，最后负责拍板的那个人掌握了充足的信息，有更大可能做出更明智的决策，以更客观的方式使用大数据、人工智能等作为输入，最大程度避免非预期结果的发生。

观点50：决策模型可以作为决策负责人的咨询工具。

有些人批评决策模型，认为它们无法捕捉到事实的所有细节。这原本就不是决策模型的目的。CDD永远是不完整的，出于某种必要性和实用角度，CDD中必然没能涵盖你和你的团队通过多年经验获得的信息，而这些信息你的潜意识是知道的，"在你的直觉中"，却很难甚至不可能被表达出来。

CDD 的目标仅仅是比过去做得更好。通过使用一个共享的决策模型，包括共同接受的结果和对关键因果联系的一致理解，你的团队将会更坚定地朝着共同的目标并肩走去，你将更有可能做出好的决策，避免意料之外的结果。

观点 51：决策的某些方面常常没能在图表中表现。这是因为，它的目标是以结构化的方式，将决策者可能没有考虑到的信息提供给他，调动他对重要决策动态的直觉，而不是展示一个完美的仿真模型。

观点 52：决策建模的有效性应该对比合适的参照物来理解——这类决策在过去是怎样做出的（通常是非结构化的、未文档化的、无持续跟踪的）？现在这样做有没有好一些？

小结

本节介绍了如何构建决策模型来帮助团队决定是否发布某款新产品。尽管建模的过程耗费了一定时间和努力，但其实每一步都很简单。过去那些"看不见的"对话现在可以用可视化的方式被捕捉到，这是一件让所有人在"同一频道"的手工品。对于超过一定复杂性的项目，电子表格一跃成为构建模型的最新技术，但在我看来，决策建模的方法对它们同样有效。

观点53：最好的方法是围绕要做出的决策组织信息，而不是驱动决策的数据，因为这些数据或许与决策毫无关系。

也就是说，决策建模是一个相对较新领域中的一种新方法。所以，让它成为你的武器，使用它，扩展它，将它记录下来，并与正在成长的决策智能社区同行们分享它吧。我期待着你的好消息！

决策智能使用案例

我们正面临着一系列持续升级且彼此关联的危机。每天，随着这些危机的加剧，人类似乎越来越没有能力有针对性地解决这些问题……因此，我们身处一个进化的时刻，要么屈服于文明衰落的灾难聚集，要么抓住机会通过改造新的能力和行为方式来超越它们，让我们变得比原来更好。

——纳菲兹·艾哈迈德

这一节中，我将会再列举几个决策模型的案例。

美国国家航空航天局的决策智能实践

美国国家航空航天局的前沿发展实验室使用决策智能，来保护地球免受潜在的危险小行星的威胁。该实验室所从事的是太空探索和人工智能研究，但据实验室主任詹姆斯·帕尔表示，该实验室的几个项目已经超越了人工智能，实现了决策智能，旨在进行"造福人类的战略决策"。

例如，前沿发展实验室基于已有研究成果成立的"偏转选择器"项目，是关于怎样减轻来袭小行星对地球的撞击。和以往的项目不同，这个项目决定了偏转小行星的最佳策略——它使用人工智能探索大量的可能性，基于小行星的体积、组成、目标的时间分辨率等，从而找到正确的方法。对此，帕尔说：

这个项目的一大重要贡献是，第一次我们可以说，举个例子，假设给定了时间、小行星的体积和构成，最好的应对办法是使用一个重力拖拉机（或动能撞击器，或某种核装置），从而影响负责行星防御的部门所做出的战略投资决策。

帕尔接着说：

前沿发展实验室还有几个潜在的决策智能项目，包括在宇航服中植入决策智能，以辅助进行一些医学领域的探索，解决火星上约 20 分钟的通信延迟问题。我们已经将决策智能确立为实验室内部的工作语言，每年都会对新加入的研究人员进行培训。

在实施了多种人工智能和决策智能解决方案之后，前沿发展实验室总结了几条在更大范围内同样适用的经验。帕尔认为，其中之一就是：

人工智能、决策智能是一项团队运动，其开发范式是敏捷的、模块化的，就像好莱坞制片公司一样。一旦确定了目标和工作流，你就可以把一群专家聚在一起。关键之处是理解流程中的所有链接，确保每个角色都得到填充，从而建立一个高度自信的团队。

作为一个决策智能"实验室"，前沿发展实验室具有独一无二的优势。它所拥有的是"来自太空的原始数据，不受地球的影响，这给了我们一个特别好的优势"，帕尔这样说道。这种不受人类偏见影响的数据使得该实验室能够聚焦在项目部署的其他方面，也让它在人工智能和决策智能的数个应用领域成为先驱。

公用事业和运营商

Urbint 公司总部位于纽约，它的客户中包括一些基础设施运营商（如公用事业公司）。Urbint 使用人工智能和决策智能，帮助这些公司将风险降至最低，同时让成本与风险之间的权衡变得更为透明。简单地说，Urbint 的机器学习模型提供了对公用管道、电线杆、水管等公共资产的自动化分析，以此来支持客户的决策。

Urbint 使用的是三步走方法：

建立一个全球模型，其中涵盖公共资产的数据和它们面临的问题和危险；

建立一个机器学习模型，预测该基础结构面临的挑战；

基于机器学习的成果，建立一个决策智能模型。

与第一章中列举的计算机系统安全案例相类似，Urbint 的机器学习模型为每一份固定资产生成一个 0 到 1 之间的数字列表,看上去就如同一根电线杆。但仅凭这一点做预测是远远不够的,如何将此模型用作决策的一部分,Urbint 遵循了以下三个模式:

范围界定:在该模式下决定处理哪些资产。一般情况下,处理资产会有一个固定预算,在这种情况下,决策模型将选出那些预期收益减去预期成本值最大的资产。这里的"收益"可能包括安全性等无形因素,以及财务因素。如果预算是灵活的,决策模型会选择具有最大净值的处理方法,而不涉及任何预期成本超过预期收益的资产。

排序:在某些情况下,法律法规或其他规定可能要求一次性将所有资产都处理掉。这时,机器学习和决策智能的组合可以用来确定合适的处理顺序,以实现长期收益最大化。

选择:每种资产都有多种可能的处理方法。例如为了延长煤气总管的寿命,你可能有好几种备选方案,每种方案都有不同的成本和收益。将其乘以 1000(煤气总管的假定数量),并对每一种处理方法的有效性进行机器学习预测,你就能得到一个最佳选择以及所有处理方法的优先级排序。

Urbint 的产品总监本杰明·贝里说:

机器学习和决策智能相结合最令人兴奋的地方在于,资产处理的收益曲线通常是非线性的。例如,其中 20% 的资产可能产生 80% 的收益,那么问题来了:哪些资产属于这 20%?

展望未来,贝里继续说道:

有许多案例符合这种模式,我们的方法大有可为。增加净现值、摊销、折旧和寿命分析在未来会成为一大流行趋势。

客户流失是多链接决策的一部分

人工智能最普遍的应用之一就是预测"客户流失"的可能性——根据客户的行为和特征推测失去该客户的几率。例如,一家杂志或电信公司的某个客户上个月给账务部门打了五次电话,而且他住在一个贫困社区,那么据此推测,他的流失风险可能就比那些一年没给公司打过电话的人要大。

当你走进你家附近的电信营业厅,工作人员会首先询问你的手机号码。如果你有一定的流失风险,工作人员的电脑屏幕上就会出现提示,甚至还会有一个为了让你继续保留该业务的特殊优惠。决定给你提供什么优惠就是决策智能的任务。这一决定就像一把利刃,如果提供的特殊优惠对你而言没有吸引力,没有留住你,就像没能留住上一位最终转向别家公司的客户一样,这个代价就很高了。将这个代价乘上几千上万次,你就会发现做对这件事价值何等巨大。

电信公司可能做出的另一个决定是优化邻近地区的带宽,例如通过增强光纤网络,以留住高价值和高风险的客户。这个决定的成本更为高昂,每年世界各地的有线运营商为挖一条路或在电线杆上安装新设备要花费数十亿美元,而这些原本是不需要的。

2014年,Quantellia公司与美国一家有线电视企业合作,将许多信息源与多个预测因素(包括客户流失)整合到一个决策模型中,以推动资本做出更好的决策。该解决方案为他们节约了大量成本，贡献出诸多留住客户的好点子。最近，总部位于多伦多的 Versant 公司在此基础上又拓展出决策智能解决方案，大幅减少了规划新设施网的时间和成本。Versant 的首席技术官马克·赞加里如是说：

以前需要很多天方能完成的任务，现在只需要几分钟就能搞定。这个过程不仅用时更短，设计新设施网的效率也更高，比起一般的人工设计需要的元素信息更少，也能实现同等的性能。

Versant 的例子与前面接受的 Urbint 类似，涉及关于数以千计的资产的多重选择，通过机器学习进行处理。这是一种被广泛使用的决策智能模型，渗透在无数个解决方案当中。

创新管理

决策和人工智能是同一枚硬币的两面，它们能帮助领导者带出更加灵敏的团队。但这并不是一蹴而就的。团队需要重新思考如何与数据和技术合作，如何实现跨部门协同。其结果是一种更具弹性的相互作用，它增加了人们在复杂环境中做出更大胆决定的勇气，也减少了令人痛苦的机会成本。

——阿南德·塔克（IntelliPhi 公司首席执行官）

一家跨国快速消费品公司在全球范围内拥有数千个正在研发的创新项目，每个项目都有可能产生有价值的专利。它所面临的问题是，如何将公司的资源分配到这些项目中，以实现 ROI（投资回报率）最大化。

一位经理凭借她的经验、直觉和对团队的了解，被认为是公司历史上最优秀的"ROI 生成器"。然而，随着社交媒体的出现，这项任务的复杂性、彼此依赖的程度和变化速度都呈现爆炸式增长。这位经理认为，加大对数据的访问和使用，应该能帮助她在这个充满挑战的环境中继续实现 ROI 目标。于是，她与 Intelliphi 公司一起合作，举办了一系列的研讨会、模拟决策场景和评审会，最终形成了一个由人工智能驱动并让人类参与其中的决策支持系统。她对团队进行了培训和重组，并使用 Cloverpop（译者注：Cloverpop 是一家帮助人们权衡利弊、做出决策并跟踪后续行动的网站）来跟踪决策的执行情况。此举减少了公司创新项目的投资组合，从而提高了 ROI。根据该团队预估，这个项目在两年内将产生 3.2 亿美元的价值，包括节省下来的可避免成本，以及对营收和渠道的改善。

一个简单的交互式培训决策模型

图 58 是一个简单的决策模型，你可以访问 www.lorienpratt.com 亲自体验一番。

①假设培训成本为 100 美元/小时，那么当投资 7097 美元用于员工培训时，一共可获得 71 小时的培训。假设在接受培训之前，

劳动力的平均技能水平是 3（总体范围为 1—100），而每小时的培训可以为劳动力技能提升 10（由一项范围为 1—10 的评估测试得出），由此得出，劳动力技能通过 71 小时的培训共提升 710。根据历史数据分析，开展培训能为项目工期节省 0 天。如果项目延期，公司平均每天损失 3000 美元。这就意味着初期投入的 7097 美元预期收益为 0，甚至可能造成 7097 美元的净亏损。

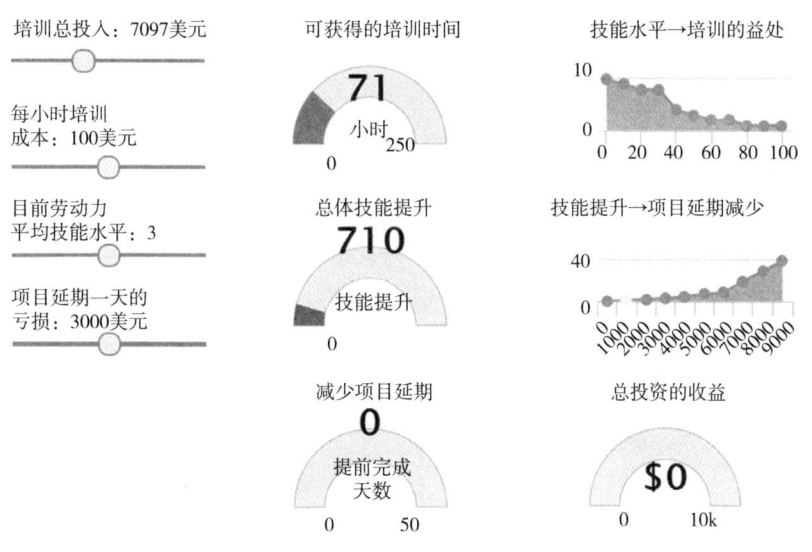

图 58：关于培训价值的决策模型

这个模型的初始版本是我为一家核电咨询公司搭建的，当时这家公司正在帮它的客户了解关于培训的各项决策的影响。简言之，训练有素的员工更有可能按时完成任务，从而减少可能造成较大损失的工程延期，以此证明培训投资是合理的。

这样的描述可能过于简单。你通过模型可以看出，每 1 美元的培训能带来多少好处，取决于员工受培训的程度。技能提升的量是有限制的，所以减少项目超支就显得必要了——在达到一定的量之后，再好的培训能带来的额外好处也不会很多。

因此，在这个模型中，你可以在页面左侧试验这两个杠杆，还可以拖动右侧图表中的灰点来更改两者之间的关系。当你进行上述更改时，模型顶部的文本也要随之改变。

为市场决策提供支持

Element Data 公司的客户中有一批知名度很高的企业，包括一家邮轮公司和美国一家大型健康维护组织。与这些客户一起合作，决策智能就意味着要充分理解该客户或潜在客户的决策，提供数据和机器学习功能，支持它们对目标和结果进行建模，如图 59 所示。Element Data 公司的愿景是成为"决策界的谷歌"，最初专注于营销领域的案例，现在已扩展到医疗等其他领域。

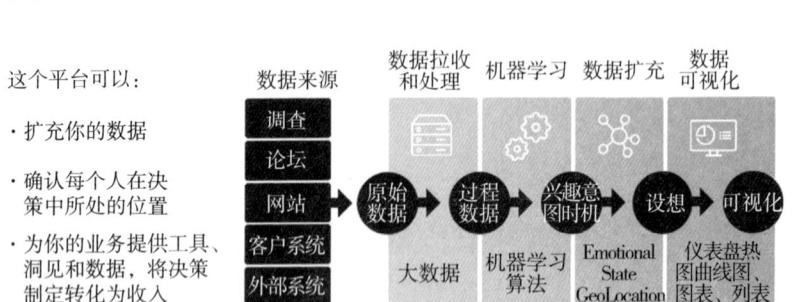

图 59：Element Data 的决策云产品示意图

第四章 如何建立决策模型

电缆公司可持续能源问题

许多公司都面临着未来几年能源成本急剧上升的问题。作为回应,大量人士正在寻找替代性能源。然而,在朝向这个新世界过渡的路上危机四伏,因此,建立在大量证据基础上的建模方法大有发展空间。

彭博社曾经分析了美国有线电视运营商是如何决定通过自建屋顶太阳能电池板、风力发电场等进行发电的过程。它与 Quantellia 签订了一份合同,构建了一个决策模型,许多运营商使用该模型整合多个渠道的信息,如太阳能的成本、电网能源的成本、用户增长率等,从而做出了更好的决策。其中最重要的发现包括,几大主要动能之间的关系、缓解电力消耗的两种方法有效性的对比,以及公司面临的挑战等。

在争议中发展的决策智能

2012年秋天,卡特中心(译者注:卡特中心是由美国前总统吉米·卡特和前第一夫人罗莎琳·卡特于1982年建立的非营利性组织,主要致力于促进解决国际冲突,推动民主和人权。)找到 Quantellia,请它一同加入到利比里亚一个重大项目的研究当中。这家非政府组织在利比里亚成立了"社区司法顾问组织",由当地的法律准专业人员构成,为当地寻求法律援助的原告或被告提供支持。在利比里亚,人们诉诸的法律体系有两套,一套是蒙罗维亚政府运行的"正式"系统,另一套是在更广泛的农村地区所使用的"习惯"系统。

该项目的最终愿景就是争取和平，它所需要的基础设施费用大体上低于其他更为集中的项目。为此，Quantellia 搭建了一个系统模型，用来探讨在这个项目中美元应该怎么花，才能帮助这个国家"少花钱，多办事"，从冲突不断的"恶性循环"走向经济繁荣、国家和平的"良性循环"。

Quantellia 的决策模型表明，要克服这个国家空间内此起彼伏的"能量场"，从该复杂系统的一个阶段过渡到另一个阶段，需要在多个前沿持续不断地注入援助。当援助足够多时，系统在一定条件下才可以实现自我维持。如果援助的时机不恰当，系统就会进入第三种状态，我们称之为"追赶"状态——此时的政府开支都用在维和上面，且随着民主的发展，这些钱更无法服务于其他目的。这个概念验证模型显示了上述动态和其他更多信息，告诉我们这些就是利比里亚的现实。将该模型与实际准确数据和因果联系相链接，就能进行更多扩展。图 60 是该模型的截图。

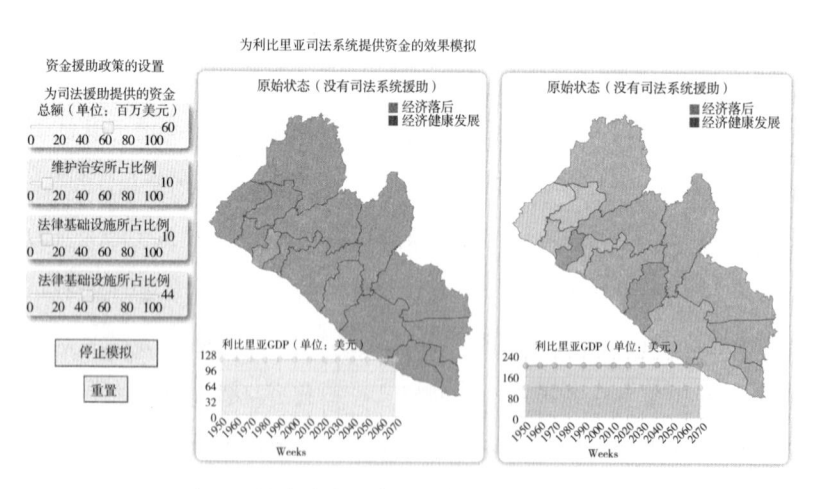

图 60：援助系统的动态决策智能模型视频截图

Ted 大奖的获得者拉杰·潘嘉比曾为利比里亚的另一个卫生领域的项目建立了决策模型。在一次联合国的会议上，他展示了该项目对利比里亚儿童死亡率的预期影响。潘嘉比说：

2013 年 6 月，当我正在为将在联合国福布斯 400 富豪榜发布会上进行的演讲做准备时，我联系到 Quantellia，问他们能否帮忙建立一个决策模型，来分析和说明"最后一英里卫生工作人员"项目对利比里亚儿童死亡率的影响。这次的建模过程和随后制作的视频打开了我的视野，也影响到之后我个人事业的走向。

越来越多的人认识到，国际社会的发展在许多方面正遭到破坏。迈克尔·霍布斯写道：

国际发展组织是一个入侵物种。为什么肯尼亚的德图地区没有接种疫苗的诊所？为什么肯尼亚的小学生不识字？这是文化、政治、历史、法律、基础设施、个体等所有社会组成元素综合的结果，它们相处和谐或彼此冲突，作为一个有机整体发挥作用。在这个系统中引入一些外来的东西，数百万美元的捐赠现金、几十位带着设备的专业人员、联合国的路虎车，导致系统势必以一种你无法预测的方式适应这一系列变化。

尽管前景暗淡，但只要能更好地理解复杂的自适应系统，正如上述早期决策建模工作所呈现的那样，未来仍然充满希望。

D¹ 常见失误与最佳经验

如果你仔细阅读了前边的案例，你会注意到贯穿其中的系统性模式、团队之间的互动、视觉隐喻的使用、系统性思考……然而，上述案例没有说明的是决策智能可能犯下的系统性失误。在复杂环境中做决策是十分困难的，如果能避开最常见的失误，不管我们是否使用本书其他章节介绍的结构性方法，都能提高我们实现目标的概率。本节内容将介绍这些经典的犯错模式。

所有错误的根源就是，认为过去有效的决策实践今天依然有效。实际上，对着一张电子表格使劲钻研，然后开会讨论面对的情况有多么复杂，这样的做法在今天已经不再有效。世界各地无数充分的证据表明，充满善意的团队和组织做出的决定可能会导致意想不到的糟糕后果。

与此同时，虽然我们必须承认计算机的巨大潜力，但现实是，人们在寻找既能满足个人自私需求，又能实现团队无私目标，可以产生广泛利益的决策，也就是我们称之为"圣杯"的过程中，对计算机技术过于倚重。决策者们依赖文本和口头决定，以及无形的思维模式和直觉，却把协作意识抛到一边，他们同样孜孜不倦地工作，但结果却与最初的目标南辕北辙。

在下面展开的细节描述中，有些特定的独立模式，即使脱离完整的决策智能也自有其好处。但对所有这些模式来说，使它们置身于 CDD 的框架之下是有帮助的，原因我们强调过多次——决策能够导致行动，然后通往结果。

第四章 如何建立决策模型

未能沟通结果

一位朋友最近对我说,她希望给自己新来的上司一个好印象。我的这位朋友在大型企业里工作了几十年,这是她之前与历任上司相处的习惯,她问我是否要像以前一样采取一些策略。我问她:"你知道你的新上司今年的战略目标是什么吗?因为你做出的决定只有两种情况,要么与之一致,要么与之相悖。"朋友坦言她不知道。于是我给她的建议是,在即将到来的会面中对上司说:"您可以和我分享一下您今年的战略重点吗?我希望尽我所能帮助到您。"

我还犹豫过是否要在这里讲述这个故事,因为这个道理过于浅显,世界上成千上万的书籍和课程都在告诉我们,它是领导力的基础。然而,在我多年来接触的几乎所有组织当中,问"为什么"这个最基本的问题都没能成为有效决策的核心构成。例如,一名团队成员认为我们只关注股东价值,另一名成员则认为环境管理同样重要;一名团队成员希望快速获得投资回报,另一名成员则愿意等待三年,以期获得更大收益;有些大学团队的成员,虽然获得某类认证是他的目标,但他同时希望目前参与的活动能支持他毕业后的职业生涯。

这样的例子不胜枚举。当两名团队成员朝着不同的目标奋斗时,他们每一天中都有可能分别做出数千个决定,不管这些决定有没有记录在案。与此同时,他们的努力很有可能互相抵消,本应朝着同一目标努力的协同效应将会消失殆尽。

现在,想象一下全世界成千上万的组织内部都在发生类似的情形，你就会意识到一个巨大的机会——更好地进行协调，避免非预期结果的发生，这对整个人类生存经验的影响都是无可比拟的。

使用前文介绍的 CDD 这样的机制，将目标和结果记录下来，定期重新访问它们，强化团队共识，这一点对于建设有效的决策文化至关重要。

对权限的误解

与上述观点紧密相关的是，要理解上司的思维模式，你还需要理解你的权限开始和结束的地方。

再说回我的朋友，她现在面临的疑惑之一是自己是否有权代表她的上司发送部门邮件。如果对上司战略目标和自身权限缺少清晰的认识，她可能会有越权行为。从 CDD 的角度来看，这个问题的本质在于，哪些因素是对你和团队有用的杠杆，哪些因素只能被视为简单的外部约束。弄清楚电子邮件是一个杠杆还是一个外部因素，对我朋友和她上司之间的和谐相处非常重要。

另一方面，权限会随着时间的推移产生变化。今天的杠杆可能是明天的外部因素，反之亦然。因此，要定期重新审视和调整，与你的上司及下属保持一致。同样，CDD 可以帮助你做到这一点。

未能对结果进行有效的头脑风暴

在讨论一个决策的潜在结果时，如果你没能创造出一个安全无虞的环境，你可能无法实现团队的协同效应，也可能错失将某些未予明示的目标摆上台面的机会，而这些目标正是你的团队成员在没有告诉你的情况下正在努力实现的。它们以一种更阴险的方式被称为"隐藏议程"，甚至有能力从内到外悄无声息地摧毁一个组织。为避免这类问题的产生，领导者在举行全体协作会议之外，最好同步进行与团队成员一对一的会谈。

实现组织多重目标的同时也满足员工的需求，可以说是领导者最重要的任务，也应该是所有充分利用决策权计划的首要核心目标。

通过对结果进行头脑风暴，我们可以获得一个丰富的目标模型，帮助我们绕开那些过于简单的、可能导致非预期结果的想法。我最近的一次体验是游览迪士尼的 EPCOT（译者注：EPCOT，汉译"艾波卡特"，是美国佛州华特迪士尼世界度假区的第二座主题乐园，以科技创新、未来和世界各国文化为主题），包括它的"海底"景点，世界上最大的水族馆之一。EPCOT 水族馆的整体设计有两个目的，一是作为观光景点，二是支持科学研究。作为一家格外重视想象力的企业，迪士尼在《海底总动员》和其他几个 EPCOT 项目中同时成功实现了上述两个目的，并总结出让 EPCOT 既充满吸引力又具备研究价值的方法。实际上，将娱乐、讲故事、做研究等多个目标融合在一个以未来为中心的战略计划中，是 EPCOT 的优势所在，也能同时惠及迪士尼的其他品牌。

混淆真与假

如果你只能从本书中记住一个词，它应该是"假性"，这对决策大有用处。我在第一章中就解释了这一概念，并在本章前面的内容中讨论了应该如何避开它们。如果只盯着假性的结果，通过其他方法实现真实目标的大门就会纷纷关闭。

举个例子，如果你专注于"改善客户体验"这个假性目标，而不是"增加收入"这个真实目标，你可能就会遗漏"面向保加利亚消费者销售"这样一条途径。如果你把"挣更多的钱"当成"更快乐"的代名词，那么你可能意识不到"交一个新朋友"是实现目标的更好办法。

混淆杠杆和外部因素

很多决策团队都喜欢不停地问"如果XX会怎样"的问题：如果我们今年卖了这款产品会怎样？如果我们成立一个小组，集体拜访一下国会议员会怎样？如果经济衰退了会怎样……实际上，此时他们已经将决策杠杆（团队可以改变的东西，比如销售的产品）和外部因素（从外部改变的东西，比如经济形势）混为一谈，以至于造成不必要的麻烦。

在复杂决策过程中最麻烦的就是团队成员变得困惑、不知所措，让团队对杠杆和外部因素的区别保持清醒的认识极其重要。外部因素是我们可以假设却无法改变的；我们可以更好地衡量外部因素，而不是决策杠杆（因为我们不衡量杠杆，而是去改变它们)。[1]

过度依赖数据

数据是盲目的。数据可以告诉你，吃药的人比不吃药的人恢复得更快，但它们不能告诉你为什么。

——朱迪亚·珀尔

大多数组织开展决策智能项目出于以下几种原因：意识到自己有大量的历史数据；听说人工智能可以从数据中挖掘价值；认识到人工智能必须置于更大的决策环境中才能发挥作用。其中，最后一点是我们始终强调的。由于决策智能项目一般由组织中的技术团队负责，所以他们很自然地倾向于在项目开始时关注数据——对数据进行调查、编组、分类和清理。但这是一个可怕的错误，不仅可能耗费数百万美元，还会将项目置于巨大的风险之中。

最主要的原因是，90% 的价值只蕴含在 10% 的数据中。为什么这样说，至少有下列五个理由：

（一）操作数据和分析数据具有不同的质量要求，但许多组织对二者的要求却是相同的。

我曾经与一家电信公司合作，该公司将计费数据（用户的详细通话记录）既用于业务操作，也用于支持决策（比如决定在什

---

[1] 登录 https://youtu.be/BzigRlLAjPE?t=815，你可以看到一个既包含外部因素（利率），又包含杠杆（黄色部分）的决策模型。

么地方建立新基站）。出于操作目的，每条通话记录都有价值，因为它们都代表着可计费的收入。而如果是为了做出建立基站的决策，公司只需要部分数据来理解模式和趋势即可。这对统计学家来说是一个熟悉的概念，例如他们知道民调数据可以有效地用于预测选举结果。可你会惊讶地发现，不少组织认为"决策只取决于数据"的意思是，他们必须完成所有选民的投票工作，这在绝大多数时候都是没有必要的。

这一点值得重申：在许多项目中，数据管理工作是"隐藏的继子"，清理、连接、处理以 GB 甚至 TB 计的数据是一项烦琐的任务，其艰巨性通常被大大低估。我一位银行业的朋友就曾向我抱怨："我们参与的每一个项目都面临着巨大的数据挑战。"但实际上，建立一个好的模型，通常不需要做那么多数据清理的工作。当然，要想有效地使用该模型，我们仍然需要将操作数据输入其中，所以在这个意义上，清理操作数据的工作也不是完全没有意义。

另一个例子是我们最近为一家安全公司建立的入侵检测系统。建立一个能够检测入侵模式的模型，也不需要对数据进行很大程度的清理或分析。然而，现在这个模型要用于生产了，如果我们输入到模型中的关于系统行为的数据存在偏差，就有可能创建出许多错误警报，或者漏掉某些本应捕获的入侵行为。

当你在数据和收益（比如收入）进行"连线时"，你会发现有些数据会造成很大的影响，另外一些则不会。比如说，你竞争对手家的产品颜色对你的竞争地位不会产生太大的影响，但它们的价格就不一样。这是一个相当简单的例子，有些例子就没有这么明显。这时，理解数据如何与影响业务目标的决策相结合，是辨别哪些数据真正有价值的重中之重。

在很多企业当中,数据人员受到了种种限制,无法看到更大的图景,企业还要求他们"尽可能把所有数据都弄干净",这是对资源的巨大浪费。我合作过的一家公司曾花了 18 个月,就为了将 100 张反映客户数据的表格连接起来。当我们为这家公司进行初步分析时发现,其实仅将其中两个表格连接起来就足够提供他们所需的信息。

决策不仅是由数据做出的,还要基于人类的专业知识、尚未被数据化的材料,以及某些无形的因素,比如声誉和品牌。因此,将数据作为支持决策的唯一基础就像在灯柱下找钥匙。因此,如果使用决策智能从业务结果回溯过程,我们经常会发现,支持该决策最有价值的信息并不在现有的数据库中。

在很多情况下,没有数据适合你所处的环境,因为你面临的状况是全新的。这时,我们需要生成"来自未来的数据",或者使用迁移学习技术。

如第三章所述,在很多组织中,反馈效果最终起主导作用,而关于这一点的详细数据信息较少。

追求"最好"而忽视了"更好"

正如本章前面所描述的,有人误认为决策建模的目的是创建一个完全精确的现实模型,这是不可能的。但通过"移动指针",提高相关涉众的理解程度,尽量达成一致,即使只前进了一点点,也会产生不可低估的价值。

过于期待共识

没有两个人会对同一个决策想法完全相同，即使是通过 CDD 详细绘制出来的也一样。潜意识和直觉都是非常宝贵的，但也很难被捕捉到。因此，期待现实一点很重要。决策建模的实践仍然需要有权力的一方最终拍板。

没有权力的负责和没有负责的权力

如果你对某些结果负责，你就必须能够改变影响这些结果的杠杆，否则就会引发混乱。反过来，如果你或你的团队有权力改变某些事情，却不对结果负责，也会导致另一种灾难。这在经济学中被称为"道德风险"，是造成历史上一些重大决策失误的源头，包括 2008 年全球金融危机。

我遇到过很多次这样的情况，我要对自己的决定负责，而其他人却希望剥夺我在这方面的权力。他们给我的毋宁说是建议，不如说是命令，强迫我为每一个理由的细节提供合理辩护，否则我的决定将不被接受。

毋庸置疑，一定程度上对决策的理由提出质疑是好的，但决策过程中总会夹杂一些我的潜意识和知识储备，一些我用语言无法解释清楚的东西。否则，我们就会陷入另一种谬误，即认为所有的认知都是清晰和明确的。只要我需要对决策结果负责，我就必须有权力选择杠杆（做出抉择），不管我能否解释清楚我的理由。如果其他人愿意承担责任，那么这种紧张感就会消失，因为那时我们依靠的就是他们的直觉，而不是我的。

思考责任和权力的另一种方式是，它们与信息处于一种三元关系中，如图 61 所示。这三者之间必须保持平衡：没有足够信息却有权力的人，可能会做出错误的决策；掌握信息却没有权力或责任的人，可能会试图扰乱局势而造成消极后果；没有信息却要负责的人，同样会导致局势错乱。这里的"信息"远不止于数据，它是团队协作下的完整分析，是一个优秀的决策模型，以及更多。我的信息源越好，我做出的决定就越有效。

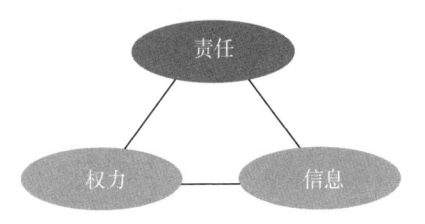

图 61：责任、权力和信息的平衡

认为决策建模需要高深的技术背景

谁都可以建立决策模型。事实上，每个人每一天都在想象，自己的选择随着时间的推移将会带来什么改变。

或许，你觉得自己不够聪明，对人工智能、大数据、证据等方面的知识不够渊博，无法参与决策过程。这种想法是不对的，不要让技术术语充斥整个房间。尊重你的技术人员，但更坚持让每个人都能理解和沟通。即使在技术领域，这也是一个发展趋势，越来越多可以为非专业人士所用的大众化人工智能系统陆续出现。

你可以在不了解汽化器的情况下驾驶汽车，也可以在不了解其工作原理的情况下有效地使用先进技术。

将预测和决策相混淆

你在机场，正朝着登机口飞奔。人工智能系统可以告诉你错过航班的几率，但你真正需要知道的是眼下你应该做些什么，也就是基于决定的正确行动。

例如，我应该预订哪趟航班才能同时满足以下几个条件：最大限度提高我的成功几率；最有可能乘坐787飞机；尽量减少我的飞行时间；尽可能避开克利夫兰。

要在这个范围内清晰思考，理解预测和决策之间的区别是很重要的。诸如"从数据到认知再到行动"这类的倡议表明，人们对这两者区别的理解正在不断加深。

第五章

决策模型的力量

05

CHAPTER FIVE

决策智能：链接数据、行为和结果的新智能

学习的方式有两种：从反思过去中学习，从感知和实现未来的可能性中学习。

——奥托·夏尔马

预测未来的最好方式就是创造它。

——丹尼斯·加博尔

通过简单的步骤，即采用CDD或类似的图表使决策可见，并使用决策智能这样的结构化决策过程，用以解决复杂问题的新方法就会大量涌现。图62列举了其中的一部分。受篇幅所限，本书不可能对每一种方法都进行详细介绍，因此下面几节将给出简要的说明和提示。

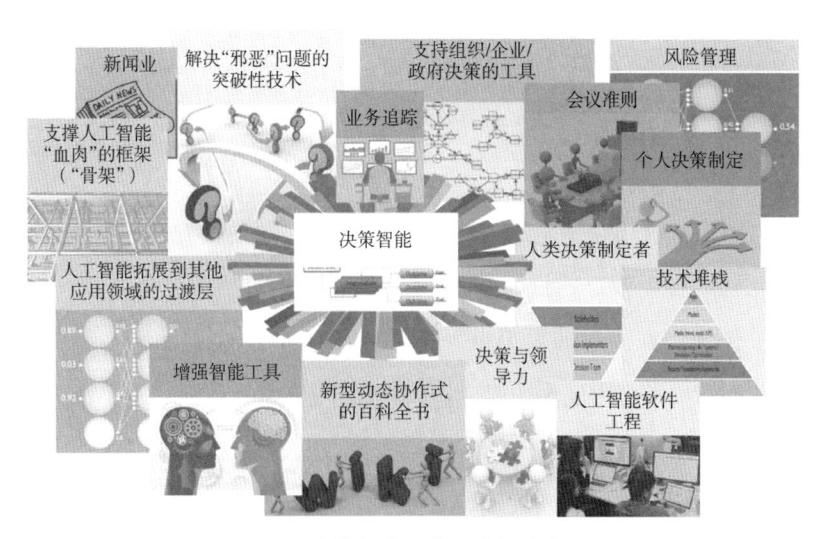

图62：决策智能已在很多领域应用

决策智能作为人机协作和增强智能的机制

人类擅长绘制决策图,但计算机不擅长,虽然人工智能被大肆宣传可以做到这一点,但实际上它们目前根本不知道世界是如何运作的。然而,计算机却擅长做以下的事:

- 提供辅助绘制决策图的工具
- 集合 CDD 中的定量流和定性流,进行交互式模拟
- 搜索获得最佳结果的决策
- 创造交互式、沉浸式的游戏环境,激发人类对复杂情况的直觉

由于上述原因,CDD 可以成为一种集合人类和计算机知识的有效机制。关于增强智能,本书第三章有详细介绍。

决策智能用于教育

决策智能体现了全球公民在 21 世纪最需要的批判性思维能力,足以构成各类教育项目的基础。《魔兽世界》这样的电子游戏,教会了孩子们在复杂的模拟世界中相互协作,下一步应该让孩子创建他们自己的 CDD,模拟他们真实生活的世界。

决策智能作为支持组织／企业／政府决策和影响力的工具

如果一个组织希望与技术携手前进，希望在数据和人工智能的辅助下做出决策，CDD 是一种极具价值的方法。

在加利福尼亚大学，学生的学习成果是用课程、学位等衡量的，相关认证机构会告诉毕业生应该展示些什么。为此，瓦莱丽·兰道创建了一种与决策智能相关的评估方法，促进教与学持续改进的良性循环，并赢得认证机构的认可，帮助大学通过该认证过程。它还将学生的每项学习成果和足以证明他具备这些能力的工作样本相链接，形成每个人特有的作品集。通过交互式的软件门户，该方法让互动"活"了起来，如图 63 所示。

图 63：链接课程、项目和大学学习成果的直观化图表

兰道创建了网站 www.aimosic.com，帮助营利性组织、非营利

性组织和政策倡议组织绘制图表，帮助他们理解不同层次的结果之间的关系。

决策智能作为"技术堆栈"和"人类堆栈"的粘合剂

技术为人类决策提供了新的信息来源，包括数据、报告、总结数据的直观化图表、增强数据的模型（人工智能等），以及将这些信息合并为人类可以轻松使用的软件应用程序。

上述"技术堆栈"必须满足我们所说的人类决策者的"现实堆栈"，通过团队协作做出决定，并在组织中将其实现，影响各个利益相关者，并最终影响整个世界，如图64所示。

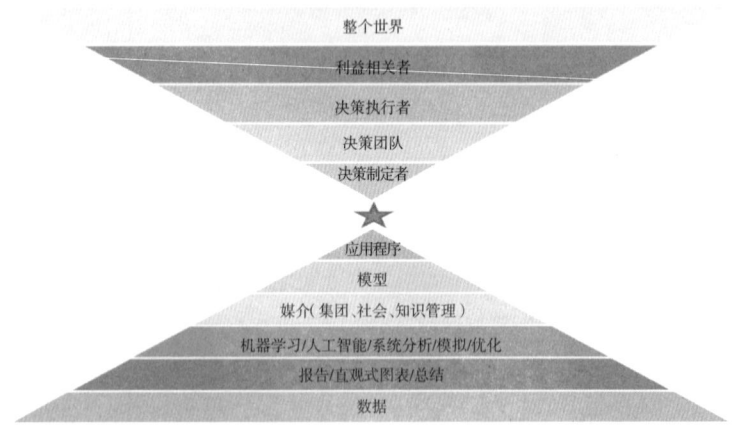

图64："现实堆栈"说明了技术如何支持人类决策者

技术堆栈的核心是代码流和数据流。现实堆栈的核心是因果流,我们可将其视作由人类基于决策而采取的行动所引发的事件。技术和现实这两个世界在一个简单的界面上相遇——决策。决策智能正在着力推动功能越来越强大、使用也越来越简易的应用程序和手段的开发,让技术以最直观的方式支持人类决策者。

决策智能作为模拟世界软件的核心

软件系统有两种,一种是作为工具,比如文档处理软件,一种是对世界的模拟。如今,越来越多的软件应用程序属于后一种。例如,一个项目管理系统可能包含模拟任务和人力资源。

虽然现在确实有一些软件系统,能够实现和支持基于模拟的决策,但迄今为止这些软件还没有共通性可言。就像在所有建筑中使用相同的蓝图一样,共享的、有代表性的方案对软件系统来说也意味着无数新的可能性。

决策智能作为一门领导和管理学科

CDD 说明了收集与决策相关信息的过程(体现在图表中)与做出决策本身之间的关键区别。领导者们常常在广泛征求意见和果断采取行动之间左右为难。CDD 给出了一种解决方案——顾问的职责是提供信息,而非选择杠杆。这代表着做决定所需要的信息通常超出图表所能捕获的信息，因为它是出自于决策者无意识但也是高度理性的知识。

决策图还能将意识形态、假设、假性目标、权力、责任、信息等概念直观化、明确化。我曾用这种新视角看待我自己的公司，并因此相信，通过决策智能视角看待领导力这个话题本身就值得写一本书来探讨。

决策智能作为风险管理的框架

通过在系统图中映射决策，可以检测和监控那些有可能发展成系统风险的单个风险，如图 65 所示。

网站 www.theriskframework.com 提供基于决策智能的风险分析解决方案，重点关注商业信贷风险领域。

GFC
2008年全球金融危机
衍生品和承销的复杂因果网络，在全球金融体系中制造了一个单点故障。

WW 1
第一次世界大战
由于各种条约和联盟组成的复杂网络，使得一次暗杀就像滚雪球一样变成了全球冲突。

Apollo 13
1970年"阿波罗13号"登月失败
制造过程中一个无心之失——一个氧气罐掉了下来，但是下游的依赖性导致7年后燃料箱在太空中破裂。

Carillion
2018年英国Carillion公司破产
收入和债务下降在无约束的反馈循环中触发了更多债务需求。

图 65：决策智能可以识别并控制系统性风险

D' 决策智能作为人工智能伦理和责任的分析框架

与风险分析密切相关的是，使用决策智能来确保人工智能技术的应用合乎伦理且负责任。Virtue 是一家提供新技术（包括人工智能）风险和道德咨询的公司，其首席执行官里德·布莱克曼指出，如今，人工智能伦理在很大程度上已经超越了偏见，受到全世界广泛的关注。他将道德风险分为以下六类：

- 死亡或附加的身心伤害
- 个人隐私
- 信任和尊重
- 人际关系和社会凝聚力
- 公平和正义
- 非预期结果

决策智能对第 6 点的影响最大，既能避免负面影响，又能最大限度地产生正面影响。诸如人工智能这样的自动化解决方案开启了"远程操作"模式，将参与者与结果分离开来。

技术的道德风险会随着自动化程度的提高而增长，对这一点必须加以理解和控制。通过将决策结果以直观的方式展示出来，决策智能可以对此起到支持作用。同时，像 Virtue 提供的专家咨询也是必不可少的。

决策智能作为人工智能的软件工程学科

我在第二章中介绍了人工智能技术如何适应 CDD。对任何人工智能项目来说，与团队协作绘制一张 CDD 是重要一环，可以使决策者的期望与人工智能团队的目标相一致。

观点 54：对许多机器学习项目来说，CDD 是展现项目需求的好办法，因为它能有效说明机器学习模型是如何与组织的其他部分交互，从而驱动有价值的结果。

决策智能是将人工智能拓展到其他应用领域的过渡层

目前大多数人工智能系统仅限于预测分析、自然语言处理和模式识别。正如我在第二章所展示的，决策智能是一种将人工智能模型注入系统当中的结构化方式，帮助用户理解"如果我采取这个行动，将会产生什么结果"，而不仅仅是简单的问题回答或"事物标记"。

决策智能作为解决"邪恶问题"的突破性技术

气候变化、冲突、贫困、不平等、民主化等，人类作为一个物种所面临的难题需要多方面的解决方案。正如我在前文所说，决策智能在解决这些问题上远远超过现有的单个技术，必须将所有技术结合起来共同攻克难关。

决策智能作为更好理解个人决策的一种方式

即使你不想花时间绘制 CDD 或构建自动化决策模拟器，哪怕只是用结构化的方式去理解决策的各元素，同样可以提高批判性思维。

决策智能作为会议准则

几年前，我所在的团队曾向一个学校董事会讲授决策智能，解释当一名教师被刑事指控时，董事会该如何做出艰难的决定。我们讲授的内容包括如何组织决策对话，如何对决策结构进行有意义的建设而不是彼此对立的讨论。通过对 CDD 的理解，然后逐一对决策元素进行分析，董事会就能达成共识。他们告诉我，如果没有 CDD，根本无法达成共识。

决策智能作为聊天机器人支持决策的生成模型

现在，许多政府和企业打造了基于人工智能的聊天系统，能够回答一些最基本的问题，帮助用户填写表格等。接下来，许多研究人员开始探索使用装有决策模型的聊天机器人，引导此类对话。想象一下，如果这个决策模型是由类似于维基百科的管理人群所动态创建时，就会变得更加激动人心了。

决策智能作为动态"维基百科"的基础

当前的信息源是静态的，提供的也是些零碎的决策模型：这里是事实，那里是预测，这里是因果关系，等等。未来的趋势是，将这些零碎的信息组装成连贯的模型，无论是以静态图形还是动态模拟的方式。

决策智能作为复杂时代新闻业的根基

理想情况下，一个负责任的记者的职责是告知我们每天发生的事情，使我们能够对自己的生活和投票做出明智的决定。可当事态变得错综复杂，只关注线性故事的新闻报道会令我们失望。

纳菲兹·马萨达·艾哈迈德博士致力于开创一种新的范式，

以传达事物间相互依存的联系,以及包括恶性循环和良性循环在内的非线性效应。艾哈迈德说:"我们应该回顾每一次全球危机,从根本上了解它们是如何发生,以及如何相互关联的。"他制作的纪录片《文明的危机》中也阐述了这一方法。

谈到解决方案,艾哈迈德认为,我们理解事物间相互依赖关系的方式是:

一旦我们意识到信息系统有问题,你就会问"为什么"。事实证明,信息系统的建构并不是为了用来理解现实。如果是这样的话,那么最简单的解决方案就变成你怎样重组信息系统去理解现实,然后与之交互的问题。

然而,艾哈迈德指出:"目前还没有创造出多学科新闻的激励机制,即使它有时出现在这里或那里,也不过是偶然。要改变这一现状,我们必须克服原来那套根深蒂固的制度模式——新闻的宗旨大体上为'不是要讲真话,而是提供信息帮助公司赚钱'。"

决策智能的核心目标之一是,在一定程度上揭示这些故事背后的相互依赖关系。但是,正如艾哈迈德所解释的那样,有很多力量阻止新闻报道实现这种明确性。我希望这本书能够激励那些有才华和能力的人去支持艾哈迈德做出的这类努力。

正如数据可视化在今天的新闻报道中扮演越来越重要的角色一样,决策和复杂系统的可视化在未来也将变得越来越重要。新闻平台应该更具社会性和协作性,记录下人们认识不同事物联系的多种意见,并帮助形成更好的共识。

决策智能：链接数据、行为和结果的新智能

决策智能作为一种业务追踪方法

很多企业都会定期查看收入、成本、现金流等基本数据，然后制定战术和战略决策。大多数情况下，回顾是基于历史或当前的数据，而思考决策将如何影响未来则是在决策者大脑里完成的任务。对此，我们可以做得更好。

从飞行员到桥梁建筑师，许多从事复杂产品创造的专业人士都采用这种办法，用计算机进行模拟。决策智能将这一模拟方法带到了董事会办公室，运行一个正向模型将会成为新的工作风尚。连续创业者吉姆·卡萨特说：

决策智能是一种新型业务管理的基础。在这种管理方式下，月度会议不是简单总结过去的数据，而是富有前瞻性的、基于模拟所进行的。汽车的后视镜比挡风玻璃小是有原因的。

决策智能用于政府规划

世界正发生着日新月异的变化，政府规划未来的能力愈发关键。刚刚过去的这个夏天，奥兰多经济合作体与 Kedge，一家前瞻性咨询公司，开展了合作。Kedge 运用本书描述的许多方法帮助奥兰多市进行新的战略转型。自 2012 年以来，Kedge 已经为迪士尼在 23 个国家的前瞻性发展提供了官方咨询。

该项目涉及佛罗里达州中部地区包括迪士尼在内的 250 个利益相关方，项目最终成果于 2018 年年底在 EPCOT 举办的"面向未来"主体展览上亮相。

Kedge 公司的弗兰克·斯宾塞说：

LTT 项目（译者注：上述项目的名称）为佛罗里达中部地区开启了一片新天地，那就是实现迪士尼创始人沃尔特最原始的梦想，EPCOT！它不只是一个主题公园，而是一座真正的城市，它让企业家精神、技术、广泛的包容性和各种洞见在这里交汇，来创造更大范围的繁荣。

让这一理想落地的实际行动正在如火如荼地进行当中。目前，Kedge 正在与奥兰多经济合作体的领导机构奥兰多未来基金会合作，培训一批面向未来的社区领导者，帮助他们建立起富有战略性的远见和以行动为导向的思维方法。LTT 项目的路线图上，同样集成了人工智能和大数据技术。

决策智能用于情报分析

如图 66 所示，人们普遍认为情报收集和分析的价值在于在充满冲突的局势中为官方提供"决策优势"。美国中央情报局官员约翰·麦克加芬说和国防专家彼得·奥尔森说："1962 年的古巴导弹危机就是一个很好的例子。尽管最新的国家情报评估认为，赫鲁晓

图 66：情报收集、整合和分析如何产生决策优势

夫在岛上部署导弹的可能性不大，但情报分析工作还是为当时的肯尼迪总统提供了决策优势。在 SIGINT（信号情报）和 HUMINT（人工情报）发出一些令人不安的讯号之后，一架 U-2 侦察机收集到了一些照片，显示该岛上有进攻性导弹的存在，而苏联对美国的这一发现却毫无察觉。"最近，美国参议员杰克·里德认为，美国在这一领域的优势正在消失：

中国正在人工智能和量子计算领域进行一系列重大的国家部署，重视程度前所未有。如果人工智能有其倡导者所声称的好处，哪怕只有一半，也将造成极具颠覆性的后果。而美国有能和中国相媲美的针对人工智能和量子计算的曼哈顿计划吗？中国正在以极其迅猛的速度创造属于自己的知识产权，我们无法与之匹敌。

一个综合全面的决策智能项目可以是美国在世界舞台迎头赶上的绝佳机会，推动目前的人工智能技术跃上一个新的高度。

决策智能：链接数据、行为和结果的新智能

第六章

展望未来

06

CHAPTER SIX

决策智能：链接数据、行为和结果的新智能

第六章 展望未来

> 尽管我们面临着种种巨大的问题,世界也变得日益复杂,但这并不代表我们正在崩溃,而是代表我们正在成长。
>
> ——弗兰克·斯宾塞(Kedge/未来学校)

> 永远都有一个伟大而美好的明天,在每一天结束的时候闪闪发光。永远都有一个伟大而美好的明天,明天只是一个梦。
>
> ——沃尔特·迪士尼《前进的旋转木马》

> 进步就是要改变,要想变得完美,就要经常改变。
>
> ——温斯顿·丘吉尔

工业革命的许多成就可以追溯到"质量"二字——全面质量管理(TQM)、业务流程管理(BPM),以及一系列相关学科。它们被认为是人类发展到 21 世纪能够取得诸多重大成就的核心,在美国和日本汽车产业的竞争中表现最为突出,或早或晚地均应用于许多其他领域。在这些成就中,最重要的当属发现了一些结构化方法,能帮助人们更好地理解商品和人力资源的流程和变化。

随着我们进入新世纪的知识经济时代,下一个结构化理解的前沿领域就是决策,即由人或机器,将围绕行动如何导致结果的思维过程描述出来的事件。通过更好的协调、合作和持续性改进来优化决策,将决定人类在下一个生存阶段是否成功。

本章展望了决策智能的未来,让您一睹从这个基础性的新学科中产生的一系列新计划。

新思想,新的布道者

这本书所描述的努力充满雄心——希望为技术、科学和普通人创造一个新环境,为发现重大解决方案贡献力量。这也是个非常年轻的领域,就像个一直吵闹停不下来的学步儿童。决策智能是一个全新的世界,我们这些致力于推广传播它的人(包括已经阅读到这里的你)仍然有机会产生巨大的影响。与此同时,决策智能正在走向成熟,尽管还有些许混乱和不太成形,但我们确信它是真实发生的,而且趣味无穷。

当我在美国加利福尼亚州写下这些话的时候,我刚刚结束了与另一位新认识的决策智能从业者的谈话,他受我和马克·赞加里早期作品的影响,在几年前创办了自己的公司。昨天我还遇见了另一位大型平台公司的员工,他告诉我他也正在全公司范围内宣传决策智能。我还听说一个叫全球挑战合作组织(Global Challenges Collaboration)的新实体,他们有许多和本书重叠的想法。

我每天都在建立这样的联系,从这里你可以明显看出,决策智能领域是多么不设限,也印证了这个领域的学科多样性。但是,允许这种无序状态的存在开创了一个巨大的机会——由你和我开发一个框架,重新整合这些学科,以解决最困难的问题。

那么，决策智能接下来会去往何处呢？它会像第三章所讨论的那样，最终重建控制论吗？创建这样一个宏大的跨学科领域现实吗？当我开始投身这项事业时，这些对我来说都是严肃的问题。但是这么多年过去了，当我写作这本书的时候，我更加相信，这将是 21 世纪发生的不可避免且十分重要的变化趋势。

颠覆性的逆风

决策智能的发展有赖于范式的改变。在延续千年的人类如何看待自己和自然关系的传统领域中，正在刮起一阵强烈的逆风。直到最近，我们才稍微改变了那种将人类置于王座之上，认为人类在某种程度上能表现出"纯粹的思想"，因而我们生活的世界才大不相同的观点。随着行为经济学的出现，从符号意义发展为次符号意义的人工智能和统计学等这些不确定性科学，让我们开始意识到，人类和世界上的其他事物一样不完美。

那么，下一步是什么？谷歌云首席决策科学家凯西·柯兹科夫认为，答案是：

让人类重新站起来，接受我们不完美的现实，并构建让我们变得更好的工具。对于那些来自数据科学的数学工具，如果要发挥出其有效性，我们在设计的时候就必须观照人类的动物天性，而不是抹杀它。

但迄今为止，这些工具还没有出现在这一哲学旅途中。柯兹科夫认为，学科之间的彼此轻视是从事跨领域工作的一大障碍。

观点55：逆流而上反对专业化，需要改变我们惯常的看法，即认为要想变得更聪明，就必须变得更专业——这种立场在面临检验时肯定是站不住脚的，却代表了人们一种根深蒂固的信仰体系，在学术界和研究领域尤甚。

然而，解决我们如今面临的问题，需要运用一种跨学科的、关注事物间彼此联系的理解方法。这一方法具有深厚的根基，至少可以追溯到半个世纪以前。

柯兹科夫说，"通过积累尽可能多同类型的知识来改善生活的作用正在递减，要实现真正的突破，需要我们跳出原有的条条框框，通过探索连接各个孤立学科之间的桥梁，从根本上打造知识的综合体。"

观点56：诚然，我们现在很多领域都获得了足够的答案，但对基于这些答案采取行动所导致的结果，我们却缺乏足够的认识。我们已经失去了将答案缝合在一起的能力，无法看到今天采取的行动如何在明天开花结果。

这就是人类的下一场重要革命，不是单纯的科学或技术革命，而是一种混合，让我们能够为了人类的利益以最有价值的方式使用答案。

第六章 展望未来

决策智能可以说是世界经济论坛创始人克劳斯·施瓦布所说的第四次工业革命的重要组成部分。在这场工业革命中，物联网、人工智能、量子计算和纳米技术等正以指数级速度改变商业模式，并影响着全球政策的走向。

决策智能正同时朝着百余个方向飞奔而去。本章将介绍一些与决策智能相关的十分有趣的新举措，比如我所知道的某些公司和组织正在形成的决策智能生态系统、小说作品中涉及决策智能的新叙述、决策智能用于残疾人支持领域的相关工作，以及向大众化的转变等。

决策智能生态系统的今天和明天

我在与许多技术专家、政治家、经济学家等合作的过程中发现，技术已经为彻底的系统变革做好了最充分的准备。例如，区块链的流行表示，整个社会已经认识到我们对待财富的看法需要一个大转变。对比看教育领域，人们想做的还只是"修复教育"，尚未意识到传统范式已经被打破。技术从其自身的角度作用是有限的，需要与其他领域结合起来，才能实现颠覆性的作用。

——诺拉·贝特森

本书受篇幅所限，只探讨了决策智能的一部分，且不免带有技术性偏见。这只是我个人经历的产物，不管是描述性的还是规范性的，都不应被视为未来决策智能领域重点的反映。事实上，不仅我本人的视角是关注技术的，我所知道更广阔的决策智能生态系统的一角也是如此。这些公司包括 FICO、DNV-GL、Quantellia、Satavia 以及 Prowler.io、DecisionCloud、PowerNoodle、Sympatico、eHealthAnalytics、gongos、busigence、EvenClever、PureTech、SAP、OpsPro、infoharvest 和 absolutdata。

我在前文多次提到的咨询公司 Kedge（未来学校）对"邪恶机会"的态度尤其强烈地表达了整个决策智能生态系统的愿景：

几年前我们注册了"邪恶机会"的商标，对这个概念研究了很长一段时间。这个短语是"邪恶问题"的反面，意指我们今天处理的大多数问题都非常复杂，以至于当我们试图解决它们时，常常会产生三个甚至更多的新问题。

工业革命时期形成的旧思维方式，如孤立化、追求速度和短期投资回报率等，将复杂性丑化为人类的敌人。事实上，复杂性是进化系统成长和成熟的自然秩序。我们的敌人不是复杂性，而是我们过时的思维方式和处理流程。

没错，邪恶问题无疑是复杂的，它们成倍增加，危险无穷。那么，我们为什么还要用彼此孤立的领域和知识去助长、加剧甚至是创造邪恶问题呢？

通过融合、匹配成熟的复杂自适应系统，能够提供给我们新的机会。说不定我们口中的"邪恶问题"就是隐藏着的"邪恶（复杂）机会"呢？

上面列举的公司是决策智能的核心骨干，其实还有一个更大的生态系统，由提供决策支持、系统建模、商业智能软件和服务的外

第六章 展望未来

围公司组成。所有这些都对决策智能生态系统做出了有价值的贡献。

一个例子是总部位于旧金山的 Long Now 基金会,它在其使命宣言中称,"希望为今天快速发展的文化提供某种对照,让面向长远的思考变得更加普遍,并在未来的一万年中持续培养这份责任感。"该基金会的董事会成员包括因"连接机器"而出名的丹尼·希利斯、全球商学院网络创始人斯图尔德·布兰德、《连线》杂志联合创始人凯文·凯利等科技梦想家。从该基金会的使命能够看出,硅谷的资深技术人员正逐渐向"下一个层次"迈进。

另一个例子是妮可·赫尔默,她在企业技术供应商 SAP 公司运营一个决策智能团队。她的团队的宗旨是帮助初创企业和 SAP 自己孵化的"内部企业家"做出基于证据的正确决策,实现企业的不断壮大。虽然她的团队使用的数据集可能只有数千行,甚至被认为只能称之为"小数据"而非"大数据",它们所支持的决策却具有相当大的价值。从这个角度来说,人类的专业技能必须与数据携起手来,定性与定量相连接,将来自创始人的直觉和来自产品市场匹配搜索的经验数据联合起来。

对于赫尔默来说,"决策智能"这个名称的使用有助于强化她的团队所期望的结果,即做出一个好的决策,而不是找到某个一劳永逸的方法。她说:

决策智能告诉我,我可以用最简单的方法做出最好的决策。它们可能是电子表格、机器学习或者其他方法。通过关注决策而不是特定技术,我可以尽可能地为每项任务选择最合适的工具。

同时，赫尔默认为，关注决策本身也让她更有效地与利益相关者沟通：

不管是与公司内部还是外部的客户交谈，要想把数据科学家能解决的问题解释清楚都是有难度的。但是，让客户知道数据只是我们用来制定决策的起点，而不是简单依靠人工智能或机器学习，事情就变得简单很多，能让我们在已知的信息基础上进行更有效的沟通。

数据科学家：新兴的专业角色

如图 67 所示，机器学习和人工智能等数据科学正广泛用于商业，其发展模式让人联想起过去计算机科学走过的道路。

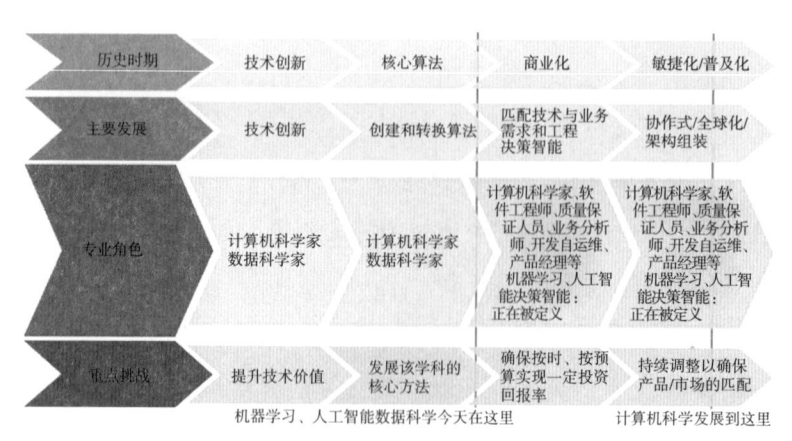

历史时期	技术创新	核心算法	商业化	敏捷化/普及化
主要发展	技术创新	创建和转换算法	匹配技术与业务需求和工程决策智能	协作式/全球化/架构组装
专业角色	计算机科学家 数据科学家	计算机科学家 数据科学家	计算机科学家、软件工程师、质量保证人员、业务分析师、开发自运维、产品经理等 机器学习、人工智能决策智能：正在被定义	计算机科学家、软件工程师、质量保证人员、业务分析师、开发自运维、产品经理等 机器学习、人工智能决策智能：正在被定义
重点挑战	提升技术价值	发展该学科的核心方法	确保按时、按预算实现一定投资回报率	持续调整以确保产品/市场的匹配

机器学习、人工智能数据科学今天在这里　　　　计算机科学发展到这里

图 67：与过去的计算机科学一样，数据科学正在向商业化阶段过渡，并推动了社会对新兴专业角色的需求

随着机器学习、人工智能等数据科学的转型，赫尔默和许多初创公司的合作让她对新兴专业角色有了独特的认识。"今天的数据科学正处于计算机科学曾经占据的位置上。"她说，"我们称自己是前端程序员、全堆栈程序员，但不会称自己是'计算机科学家'。因为计算机领域已经专业化了，数据科学领域同样如此。我们开始看到'机器学习工程师''决策智能分析师'和'数据科学工程师'等岗位的招聘广告，也是这种专业化趋势的体现。这些新兴子领域所要求的技能非常不同，一个人可能知道如何设置 ETL（数据流的提取、转换和加载），而另一个人或许从未听说过它。"

要定义这些角色，可以将它们与软件工程生命周期联系起来。这张"软件工程生命周期图"已经出现好多年了，如图 68 左侧所示，右侧是 Quantellia 公司绘制的"敏捷人工智能生命周期图"。

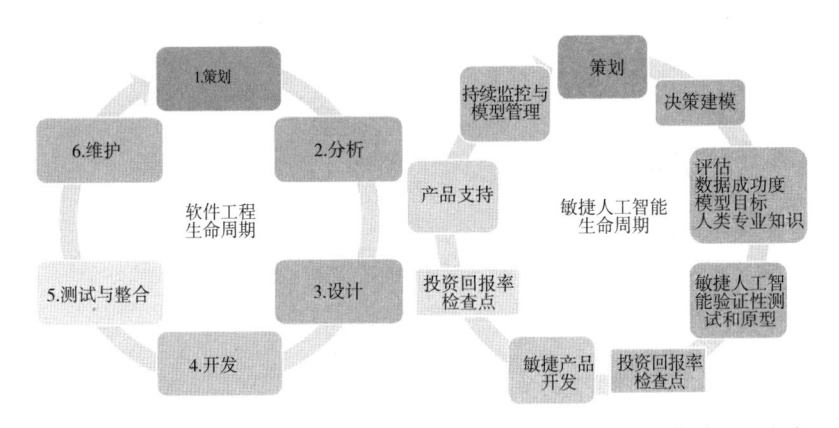

图 68：新兴的"敏捷人工智能生命周期图"，与较为成熟的"软件工程生命周期图"相对比

与图 68 右侧步骤相关联的是一些新出现的角色，图 69 对此做了进一步说明。需要指出的是，并不是所有的项目都需要这些角色，但

它们确实反映了人工智能、机器学习向商业化阶段过渡时表现出的一些特性，这些特性本身也构成了决策智能生态系统的重要部分。

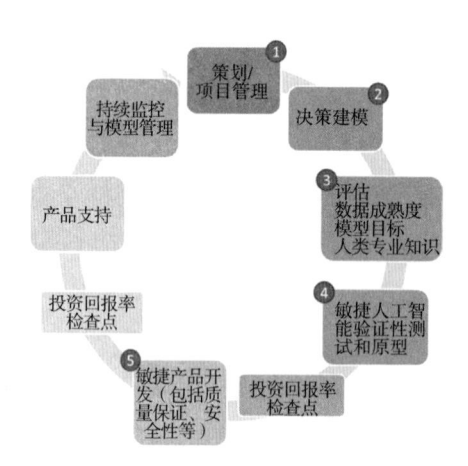

图69：随着人工智能、机器学习、决策智能用于更为广泛的领域，新兴的专业角色正在形成

敏捷人工智能项目经理：项目策划和管理需要具备专业技能。

决策建模师：也就是这个世界里的业务分析师，创建决策模型、连接技术和投资回报率的专家。

技术架构师：

a. 选择合适的技术（代理人机系统、类比推理、强化学习、系统动力学、机器学习、自然语言处理、热数据、决策树、临近算法，等等）

b. 设置模型目标

c. 进行数据成熟度的评估和管理

d. 管理人类专业知识

数据科学家：和目前的数据科学家角色最为相近，进行验证性测试,构建原型。

软件工程师:搭建能够嵌入决策模型的系统。

决策智能与新神话

> 一开始,语言的力量一定很神奇。
>
> ——阿兰·沃兹《不确定性的智慧》

当像决策智能这样的重大转变发生时,它们会在我们告诉自己的故事中得到反映和催化。

从《荷马史诗》到《花木兰》,历史上大多数伟大的故事都是关于"英雄之旅"的。我们歌颂一个个主人公,他探索一个新世界,遇到了种种困难,但最终胜利归来。

然而,这种叙述越来越站不住脚。如今,我们希望故事所讲述的是意料之外的结果、更加复杂的系统、不同的人通力合作、导致一连串时空变化的行动……总之,我们需要一套新的原型,也就是曾做过电影高管和迪士尼员工的科幻小说家 P. J. 曼尼所说的"新神话"。她创作的一部分小说就是关于技术引发的意料之外的后果,而这些后果常常都被系统性地忽视了。

曼尼解释说:

科学家们并不愿意谈论太多他们的工作可能产生的意外结果,因为这无疑会在他们资助机构的心里播下怀疑的种子。但是技术在产生积极影响的同时，确实也会带来一些消极影响，重点是我们要努力去理解它们。看待这个问题，我们必须抱有同理心。一个人独自创造某些事物是一回事，站在用户的立场理解技术引发的一连串后果，完全是另一回事。

我最近刚刚参观了迪士尼，在那里，我被沃尔特·迪士尼对未来的关注和想象所震撼。这一点集中体现在 EPCOT 之上，很遗憾这一愿景永远不会实现，但他的本意正是如此，对未来的想象会一直处于未完成时。EPCOT 延续了迪士尼乐园的路线，从卡通短片到故事片，再到主题乐园，下一步到对城市规划的预期影响，最终是对整个社会的改变。它们共同的主题是：叙事，并不断融入其中，推动广泛的转变，从而将我们带到一个新的世界。在 EPCOT 的开园仪式上，迪斯尼公司选择了巴克敏斯特·富勒的《地球飞船》一书，表明自身正是这本书主题的延续。

曼尼还说到另一个正在出现的故事主题——"当我们使用逻辑时，我们就会做出糟糕的决定"。电影《终结者》的故事背景曾受到另一部电影《巨人：福宾计划》的影响。在后面这部电影中，一个邪恶的通用人工智能机器用逻辑推理得出结论，认为人类都是愚蠢的，并因此掀起了一场浩劫。曼尼认为，在此类电影中，通用人工智能实际是人类对"组织机器人"恐惧心理的写照，特别是我们对政府和军事组织失去控制的恐惧。它们也表现出一种徒劳无益的失落感——我们不可能理解或控制日益复杂的社会。然而，还存在另外一种叙事模式：随着我们开发出像决策智能这样的新工具，上述状态都只是暂时的。

"要生存下去，我们（在写作时）就必须要融入更广阔的背景，并试着理解人类该如何适应它。"曼尼说道，"这并不是指你要放弃自己的东西，我所说的不是集体主义，而是意味着我们要更具备思想性，能讲述世界的群体动态，并理解更多不断变化的内容。"

人类扮演的角色

人类要面对大量的输入和输出。输入和输出每时每刻都在发生。我们应该学会把生活看作是存在的流，而不是独立的实体。这是佛陀告诉我们的深刻道理。

——一行禅师

人类的感知、反应和行为越来越数字化。人工智能和机器学习的终极目标是利用这些数据帮助我们变得更好，最大背叛则是利用这些数据窥探我们的心理。

——查尔斯·戴维斯

（Element Data 首席信息官、联合创始人）

要推动决策智能等新尝试的进展，人类的认知必须要同步更新。卡西亚·卡斯特罗·拉斯洛写道：

如果我们不改变自己，不更新原有的生活方式，不转变做出的选择和优先考虑的事项，我们就不可能过上更好的生活……系统性存在包含一种新的意识,让我们认识到一种更广阔的自我,人类无法在这个世界上独自生存,当我们为人类的未来努力时,也要为其他物种和整个地球提供服务。这是许多土著文化的智慧,是我们已经淡忘的遗产之一,而现在我们正在恢复的过程之中……系统性存在和系统性生存连接我们的头脑、心灵和双手,让它们合而为一。

确实,人类的许多精神传统都体现了下面这个观点:

观点57:关于未来的最高智慧始于进入当下。

人工智能、决策智能与法律

关于法律和政策的决策是对世界影响最大的决策之一。伴随人工智能的发展,特别是自然语言处理等技术已经可以做到分析和拟写合同等法律文件,使得许多法律工作逐步走向自动化,法律行业正在发生巨大的变化。Baker&Hostetler律师事务所纽约办公室的合伙人詹姆斯·A.谢尔认为:"人工智能对当前律师工作的影响表现在四个独立领域,一是文件的电子搜索查询("预测编码"或技术辅助查询),二是对公司事务的合同尽职调查,三是众多实践领域内的第三方法律研究产品,四是时间条目和物元分析。"

另一个观点来自米歇尔·科鲁奇,她是一位来自硅谷的法律技术企业家,Justiquity.com的首席执行官。图70显示了科鲁奇对人工智能和相关技术如何改变法律行业的看法。

第六章 展望未来

```
        法律推理：通过
        决策智能得以强化
      ─────────────────
         垂直专业知识
      ─────────────────
             数据
```

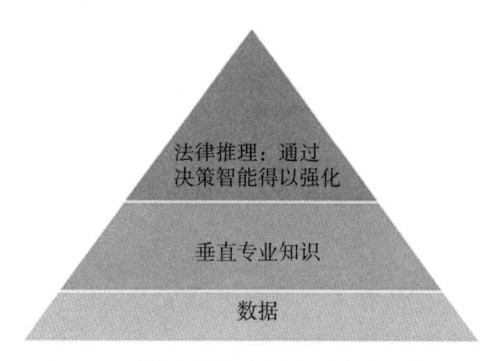

图 70：决策智能如何提高法律推理水平

科鲁奇说，在这个"法律行业的人工智能"金字塔图表中，数据和数据分析有力地促进了更高价值层级的实现。数据通过提供垂直专业知识，帮助被告、原告或律师更有效率地开展工作。举例来说，你可以通过数据分析过去的案例，从而决定要采取的最佳策略，包括最有利的管辖权、律师、法院或法官等。

但科鲁奇同时指出，复杂的法律推理永远属于人类的职责范围，因为人类对世界了解的详尽程度短期内不太可能被计算机复制。"好的律师永远是将我们和机器区分开来的秘密武器。"

那么，科技能提供怎样的帮助呢？对于决策智能来说，它综合了两方面的模型，一个是从数据中获取并由人工智能分析的历史信息的模型，另一个是人类提供的关于真实世界的模型。

D' 知识花园

杰克·帕克启动了一项"知识花园主题探索"计划，正在推动在线协作的可视化和交互化，以支持"邪恶对话"的开展。

帕克解释道，基于游戏形式的对话之所以有效，部分原因在于人们压抑了自我，通过某种化身工作，因而可以更有效地解决问题。"当一个人控制某个化身时，就会发挥出非常强大的心理优势。这时，他们就不太可能将自己的身份、个性和偏见带入游戏当中。"这样做的好处在于，有利于"从我到我们的转变，整个过程将以自我为中心转为以生态为中心"。帕克的工作还包括创造知识结构的视觉表现。

通过决策智能对抗财富不平等

今天的世界比之前的世界要复杂得多，在这座由文化、经济和政治现实交织而成的复杂适应性系统的迷宫之中，人类需要新技术来为我们导航。

菲洛斯和普拉特曾构想过社会经济转变的前景，包括决策智能如何应用其中，将制约与平衡理念注入该系统，并辅助管理由此所带来的复杂性。文章认为：

数据、人工智能和决策智能是反抗剥削的有力武器，因为它们可以帮助人类做到以下三点：一是获得有关人类行为的大量直接的经验证据；二是对数据进行分析，了解和预测事件的结果；三是选择相应行动，启动事件链，从而达到个人、组织和社会的理想结果。

第六章 展望未来

卡迈什·拉格文德拉和菲洛斯·V. R. 提出一个与此相关的新计划，即开发一个财富平等指数（wealth equity index，WEI），利用市场力量来解决全球普遍存在的财富不平等问题。与衡量企业的"绿色"指标类似，该指数利用市场力量促进企业的增长，进而减少全球范围内的财富不平等。这是通过一个多步骤的事件链来实现的，因此这一计划成功的关键在于它所体现的多重链接的经济流动，这一点不仅被经济学家们认可，也被广大人民理解。

图 71 所表现的是该计划的内在机制，显示主权财富基金是如何作为风险投资基金，而风险投资基金又反过来投资于公司的。这些公司会被贴上"红""绿"或"黄"的标签，表明它们的成功在多大程度上惠及了底层 80% 人员。

① 超过20%惠及底层80%的人

② 超过20%惠及底层80%的人
10%~20%惠及底层80%的人

⑤ 超过20%惠及底层80%的人
10%~20%惠及底层80%的人

当风投基金（2）投资一家公司（4）时，该公司会获得一些"绿色"的WEI（5）。因此，底层80%的人员将作为股东持有该公司的部分股份。

当主权财富基金（1）投资于某风投基金（2）时，该风投基金会获得一些些"绿色"的WEI（3）。因此，底层80%的人员将部分持有这只风险投资基金。

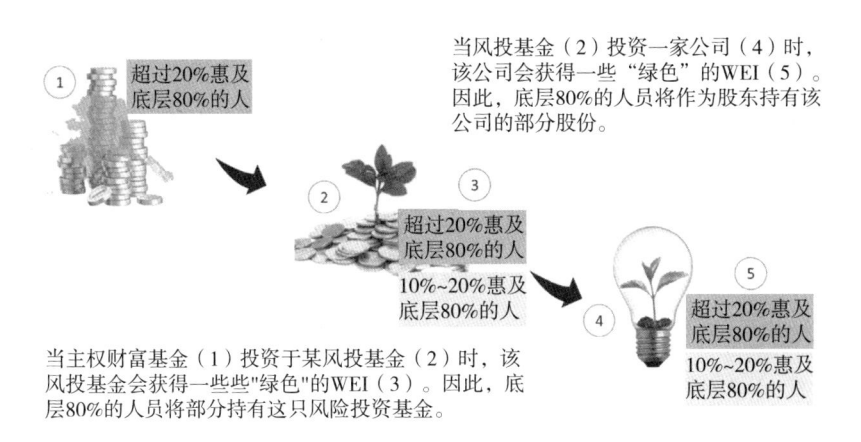

图 71：财富平等指数可将财富重新分配给底层 80% 人员的机制

① 当风投基金（2）投资一家公司（4）时，该公司会获得一些"绿色"的 WEI（5）。因此，底层 80% 的人员将作为股东持有

该公司的部分股份。

②当主权财富基金（1）投资于某风投基金（2）时，该风投基金会获得一些些"绿色"的 WEI（3）。因此，底层 80% 的人员将部分持有这支风险投资基金。

希望减少财富不平等的消费者可以优先选择购买拥有"黄"或"绿"WEI 标志的产品，从而为价值链中的所有成员创造价值，并最终使处于整个经济较低位置的 80% 财富持有者受益。

在我写作本书时，WEI 计划还没有正式宣布，模型的细节可能还会改变，但确定的是，它需要深入了解多链接效果的实时发挥，这是该计划能否获得成功的关键所在。

SAP 公司的高级副总裁、全球化服务总监 V. R. 菲洛斯说：

要扭转全球不平等的趋势，需要进行大刀阔斧的变革，而 WEI 指数就是一种能够产生重大影响的机制。为了有效、透明、协作地对如此复杂的计划进行建模和管理，需要良好的人工智能和大数据模型，以及因果模型流的呈现。建立对这些模型的信任至关重要，因此我们需要既容易理解又精致巧妙的方法，而决策智能的模型正是如此。

结 语

无论从社会角度还是技术角度，我们都处在一个向具备未来思维的物种进化的边缘，这是人类迫切需要的转变。为了加快这一转变进程，我们要确保每一位个体、每一个群体都不会落后，谨防只有一小部分人从社会和技术的进步中获益。

人们对剧烈的变化心怀恐惧，许多人甚至因此试图抓住一个已经过时的世界。为了避免全球性反弹给人类带来过于糟糕的后果，我们必须推动未来世界走向民主化，使人人都能受益于这一转变。

——弗兰克·斯宾塞和伊维特·蒙特罗·萨尔瓦蒂科

（Kedge/未来学校）

决策智能是 21 世纪最重要的创新之一。虽然这个领域还很年轻，但它代表了一种充满潜力、注重实用、有所侧重的方法，以应对我们在许多领域所遭遇的复杂状况。无论你像我一样以一名技术专家的身份，还是从经济学、人类学、管理科学开始走进这个领域，无论你是一个学生还是一位退休人员，你都会在决策智能的世界发现令人激动的解决方案。

观点58：考虑到"邪恶问题"相互依存的本质，一种观点认为，它们实际是同一问题的不同方面，是在一个相互联系的全球化世界中出现的新动态，尤其是赢家通吃的反馈效应。对此，我们必须理解并加以控制。

这仅仅是开端，一路走下去，我们还将经历数次短暂的动荡。这是人类历史每一次重大过渡阶段的特点，我们不应将这种暂时的动荡与最终状态相混淆，而是应该认识到，它代表的是人类如何与社会、技术和自然相互作用的重新链接。

到目前为止，决策智能进展缓慢而稳定。正如你在本书中所读到的那样，现在有许多决策智能计划正在进行，而且还在不断发展壮大，第五章中每一项"决策智能作为XX"都值得一名学者展开研究，或一家新公司来进行尝试。哪怕你是个仍在读书的学生或个人，你也可以试着举办一次决策智能的沙龙或会议，讨论当前发生的重要事件，以及这些事件背后的假设、事实和更多细节，通过认清这些假设和事实，为超越对话的合作型解决方案做出贡献。

简言之，决策智能的初衷是将"邪恶问题"转化为"邪恶机会"。而读完这本书的你已经加入了决策智能的部落。欢迎你的加入，并诚挚邀请你与我们一起，继续这一旅程！

罗莉安·普拉特
2019年3月于美国加利福尼亚圣克鲁斯

后 记

作为一个新兴领域，决策智能雄心勃勃，并充满着协作精神，这本书就是从微观层面反映了这一模式。虽然封面作者写的是我的名字，但这本书得益于全世界成千上万人的贡献，他们都投身于这场重要的运动当中。我在下面会列举这些人中的一部分，但我首先想要表达的是对所有同行者们的感谢。

首先特别要说明的是，本书中的思想和文字很大程度上来源于过去 15 年间我与马克·赞加里数千次的交流和探讨。2010 年，马克和我共同创建了 Quantellia，本书大多数成果都来源于此。同时，我们整个团队的努力工作和投资人的支持为我完成本书提供了重要保障，他们的慷慨、远见和信任对我来说意义重大。我尤其要感谢我们的首席运营官纳丁·马尔科姆，在我写作的最后几周时间里，她承担了公司的大部分日常运营工作。

多年来，许多决策智能的梦想家和公司陆续出现，共同推动了决策智能生态系统的发展。世界需要一群出类拔萃的人，他们不仅能看到未来，还要努力去实现它。在 Quantellia 早期成立的日子里，Avaya Government Solutions、Informed Decisions、Cisco 和 Cognizant 等公司的吉姆·卡萨特、萨米·托马斯、詹妮弗·弗吕霍夫、约兰·卡尔马克、霍坎·埃德文森、阿维·豪泽及其团队,尤其是阿洛·朱利安和琳达·坎普,为我们提供了无与伦比的帮助。我们还要向最近一段时间大力支持我们的 QRisk Strategies 的尼克·斯塔夫鲁、Versant Solutions 的伊恩·奥利弗和詹妮弗·霍伍德、SAP 的 V.R. 菲洛斯致谢。早期梦想家珍妮特·内默斯、阿利·戈隆和莉斯尔·伊诺伊也值得我们感激。

我特别想提及以下几位的工作:琳达·坎普,她通过孜孜不倦的努力,将决策智能带进了美国政府;里克·拉德,他的博客"系统通(SystemsSavvy)"向全世界推广了决策智能;史蒂夫·布兰特,他在 Medium(译者注:国外近几年崛起的一个写作阅读平台)上写了多篇介绍决策智能的文章;卡尔·怀特洛克,他撰写了第一份有关决策智能的行业分析报告;以及罗伯·里奇,第二份行业分析报告出自他手。瓦莱丽·兰多也是一位决策智能梦想家,她和道格·恩格尔巴特等人的工作与本书有着深刻的联系。还有玛格丽特·约翰逊,她创建了国际决策情报研究所(TDI3)生态系统。最近,我还有幸见到了凯西·柯兹科夫,她在谷歌云的工作进一步巩固和塑造了决策智能的定义。在我写作本书的最后一天,我还见到了 Kedge/ 未来学校的弗兰克·斯宾塞和伊维特·蒙特罗·萨尔瓦蒂科,他们一直广泛服务于迪士尼、非营利组织、商业公司和政府等,积极向全世界宣传决策智能的理念,与我的想法有许多共通之处。

我还要感谢为了让这本书最终得以出版付出大量努力的整个

后记

团队。我的经纪人珍妮·莱文依靠她在出版界多年的人脉关系，帮我从一大堆备选中找到最合适本书的出版商：绿宝石出版社（Emerald Press）。出版社的夏洛特·马奥拉纳女士一直是本书充满热情和远见的支持者。艾米丽·赵、里克·拉德、杰西卡·贾里特和伊丽莎白·尼茨帮忙处理大量社交媒体的事务，里克·拉德、伊丽莎白·尼茨和娜丁·马尔科姆帮忙整理图表和参考书目，并对早期文稿进行了编辑，尤其是娜丁，为本书中的图表付出了大量心血。

理查德·史密斯、费斯·霍普、盖·普费弗曼、贝扎·格塔亨、安尼斯·普拉特、吉姆·卡萨特、哈坎·埃德文森、比尔·芬威克、露丝·费希尔、瓦莱丽·兰多和杰克·帕克等为本书撰写了评论。他们的见解为本书提供了"最后的润色"，显著提高了本书的质量。

最后，感谢我的家人，安妮斯·普拉特、德布·维拉斯和费思·霍普，对我这次大胆的尝试他们给予我无私的支持。感谢辛贝·史密斯和格里芬·史密斯，他们是世界上最早的"土著"决策建模师。